마흔

7

『마을』을
구독해주십시오!

───────────

『마을』을 21세기 마을의 삶을 상상하고 실행할
"공론의 장"으로 만들어가기 위해
여러분의 구독과 후원이 절실히 필요합니다.
『마을』을 구독하고 후원하는 가장 좋은 방법은
마을학회 일소공도의 회원으로 가입하시는 것입니다.

『마을』 구입
마을학회 줄기회원으로 가입하시면 절판되지 않은
과월호와 신간호를 모두 무료로 우송해드립니다.
비회원이신 분도 학회에서 구입하시면 정가의 20%를
할인해드리고『마을』3호를 무료로 증정합니다.
* 창간호 PDF파일은 홈페이지에서 무료로 다운로드 받으실 수 있습니다.

사무국	maeulogy@gmail.com
홈페이지	https://cafe.naver.com/oolocalsociety
계좌	농협 351-0966-6069-13 (예금주 마을학회 일소공도)
온라인서점	알라딘 / 예스24 / 인터파크도서 / 교보문고

마을학회
회원 가입 안내

───────

뿌리회원

가입비 2만 원 이상
혜택 마을학회 월간 웹진 《일소공도》를 보내드립니다.
  『마을』을 할인가로 드립니다.

줄기회원

가입비 2만 원 이상과 월회비 1만 원 이상
혜택 마을학회 월간 웹진 《일소공도》를 보내드립니다.
  마을학회에서 발간하는 연구자료물을 무료로 보내드립니다.
  과월호와 신간호 『마을』을 모두 무료로 보내드립니다.
  마을학회가 연 2회 개최하는 강학회 참가비를 할인해드립니다.

후원회원

후원금을 기부하여
마을학회 일소공도의 활동을 지지하실 수 있습니다.
후원금액에 따른 다양한 혜택을 드립니다.

회원가입 신청 안내와 신청서 다운로드 https://cafe.naver.com/oolocalsociety

차례

열며

006 공통적인 것과 문화하는 삶 | 박영선

트임 **21세기 농촌 마을 문화의 재구성**

013 마지막 혁명 | 함성호

033 21세기 농촌에서 전통과 민속,
향토와 장소는 무엇인가 | 안승택

045 농촌의 다원적 정체성과 바람직한 농촌다움 | 진명숙

055 농촌을 위한 과학, 농촌에 의한 과학 | 유상균

065 모두를 위한 농사, 탄소를 줄일 적정기술 함께 찾기 | 정영환

076 리눅스 운영체제로 가꾼 소리텃밭 | 권병준

087 나날의 살림살이 되짚으며 스스로 성찰하게 도와줄
새로운 미술의 모습을 찾아서 | 김학량

포토에세이 **한국 근현대 마을 공간 변천기 5**

102 세기말 풍경, 강경江景 1998~2000 | 유현민

스밈	**농촌으로부터**
127	언택트 공연,
	아마추어 기획자에게 1000만 원이 주어진다면	조대성

협동조합젊은협업농장 실험보고서 4
135　젊은협업농장과 학습 | 정민철

벼림	**농업·농촌·농민 연속좌담 6**
155	기후위기와 농사	강마야, 금창영, 김정섭, 정민철

연재	**마을살이를 위한 개념어사전 1	커먼즈, 코뮌, 커뮤니티**
194	콤무니스communis의 존재들	유대칠

서평	**책 너머 삶을 읽다**
208	세계사의 또 다른 쪽	장정일
	제임스 C. 스콧의『우리는 모두 아나키스트다』
217	농민, 잃어버린 20년과 앞으로의 20년	정기황
	리처드 세넷의『장인—현대문명이 잃어버린 생각하는 손』

226　저자들
230　마을 총목차

| 열며 | 공통적인 것과 문화하는 삶

박영선
본지 편집위원장

1

근대 이전까지 동아시아문화권에서 문화文化란, '끊임없이 생성하고 변화하는 천지만물의 운행원리道를 사람人이 읽어내고 그 원리에 어울리는 삶을 살아가기 위해 천지만물과 더불어 수신修身(자기학습)하며 생장하고 변화하는 과정 자체로서의 삶과 그런 삶을 통해 드러나는 길과 흔적들(文), 그리고 다시 이것들을 거듭 익히며 생장하고 변화하는 삶의 과정(化)'이라는 유장하고 순환적인 함의를 가진다. 이처럼 '문화文化하는' 삶이 윤리적倫理的 삶이고 좋은 삶으로 여겨졌다. 서유럽문명권에서 문화culture라는 말 역시 식물이나 동물을 돌보고 기르는 '과정'에 그 기원을 둔다. 하지만 17~18세기 근대계몽기에 문화를 (그 어원적 함의가 지닌 잠재성을 배제하고) 전 세계에 대한 자신(서유럽-백인-남성-엘리트)들의 우월성을 강조하는 방향으로 재정의함으로써, 폭력적 세계 지배를 합리화했다. 그들이 발명한 '문화'는 그들 지역 문명의 특수한 생산물인데도, 세계 식민화와 시장화를 통해 지구의 다른 모든 지역에까지 과잉보편화되었다. 그 결과 문화는 원래 고급하고 우월하며 특권적인 삶의 스타일이라는 고정관념이 지금 우리의 일상에서까지 강력하게 작동한다. 우리는 자신도 모르게 고급, 엘리트, 순수, 상위, 비싼 문화와 저급, 대중, 지저분한, 하위, 싸구려 문화를 나눈다. 이것이 '문화'의 이데올로기적 기능이다. 우리는 이런 문화의 이데올로기적 위계로부터 이탈해서, 문화의 새로운 지대를 탐색하고 새로운 형식을 모색해야 한다.

  19세기부터 21세기 현재까지 한국 농촌은, 근대 이전의 오랜 농경공동체 전통과 단절되고 근대 도시문명의 중심으로부터도 배제되는 이중의 결핍 속에서 문화적 표류를 거듭해왔다. 1970년대 산업화 드라이브 정책에 의해 젊은이들이 도시로 빠져나가고, 노인만 남은 농촌의 대부분 마을은 고령화와 공동화로 인해 소멸 위기에 처해있다. 텅 빈 농촌에서 삶의 활기를 찾아보기란 어려워졌다. 도시중심 자본주의에 종속되지 않는, 농촌의 '땅'으로부터 비롯되는 토속적이고 자생적인 생활 문화를 생산하지도 못하고 있다. 그런가 하면 1997년 금융위기 이후 신자유주의에 의한 양극화와 불평등, 무한경쟁과 각자도생에 내몰린 도시의 젊은 세대를 비롯해서 해외 이주여성과 노동자 등 다양한 계급·세대·지역·종교·인종의 사람들이 농촌으로 들어오게 된다. 그러면서 농촌 마을은 갈수록 치열한 문화의 격전장으로 변모하며 대립과 분화가 깊어지고 있다. 이런 상황에서 팬데믹과 기후위기가 엄습하고, 이 재난과 위기에 대한 해결책이라며 시장과 국가가 제시하는, '스마트'로 수식되는 갖가지 첨단기술과 인공지능 시스템이 상품화되어 대중적으로 확산되고 있다. 기술금융자본주의는 더욱 맹렬하게 심화되고, 국가는 기술금융시장에 더욱 종속되고 있다. 이처럼 복잡하고 역동적인 21세기 사회 현실은, 이 시대 조건에 걸맞은 농촌 마을 문화의 재구성을 절실히 요청한다.

  21세기라는 시대성, 농촌이라는 지역성, 마을이라는 장소성과 공동체성 등의 중층적 조건이 주어질 때, 과연 문화의 재구성을 위한 어떤 방향성과 기준을 우리는 모색해야 할까? 아마도 21세기 농촌 마을 문화를 재구성하는 일에서 가장 중요한 기준은 '공통적인 것the common'의 확보가 아닐까 싶다. 공통적인 것은 (안토니오 네그리와 마이클 하트의 말대로) 우선 '부정적으로' 정의될 필요가 있다. 공통적인 것은 사적인 것도 공적인 것도 아니다. 공통적인 것은 자본의 사적 소유와 지배 및 신자유주의적 전략들에 대립하는 동시에 공적 소유권을 지배하는 국가의 통제와 규제에 대립한다. 자본과 국가 모두, 우리가 사적인 것과 공적인 것의 내부로 접근하지 못하도록 제도와 결정권을 독점하기 때문이다. 이러한 독점은, 그것을 자연스러운 것으로 받아들이도록 우리를 길들이는 이데올로기로서의 위계적 문화를 구성한다. 사적 자본과 공적 국가 중의 양자택일이 아니라 양자를 동시에 부정하면서 열리는, 불투명하고 불안정한 간극이 공통적인 것에 바탕한 문화가 생성될 수 있는 가능지대다. 공통적인 것은 근본적으로 자율과 자치를 촉구한다. 유무형의 자원에 대한 접근을 개방하고 그 자원들을 자율적으로 돌보고 관리하는 자치의 새로운 형식을 재구성할 때, 공통적인 것에 바탕한 문화의 가능지대가 활성화될 수 있다. 공통적인 것의 확보와 확장으로부터, 21세기 농촌 마을 문화 재구성의 세부 방향들인 자율·자생성, 개방·다양성, 생태·적정성 등도 더불어 활성화될 수 있을 듯하다.

2

이번 호에서는 '21세기 농촌 마을 문화의 재구성'이라는 대주제를 공통성과 자율·자생성, 개방·다양성, 생태·적정성의 방향에서 다각도로 검토하고 새롭게 질문을 던지고자 한다. 모든 기고문은 이런 의도에 부응하는, 유장하고 면밀한 통찰과 날카로운 질문과 참신한 제안, 그리고 농촌 현장의 세부에서 이루어지는 생생하고 구체적인 모색들을 담고 있다.

트임에서 함성호는, 약 260만 년이라는 장구한 인류사적 맥락을 통찰하면서 우리가 21세기의 4차 산업혁명까지를 겪고 있으면서도 여전히 농경이라는 가치와 농촌이라는 장소를 얘기해야 하는 이유를 추적한다. 안승택은, 농촌 마을이 단일·불변하며 반드시 지켜가야 할 문화유산이라는 생각과 전통·유산·보존에 집착하는 행정·복지·학술·문화 활동들이 '(엉뚱한) 상상'에서 비롯된 것임을 지적하고, 전통·민속·향토·장소와 같은 주요 개념들을 면밀히 재검토하면서 개인의 문화적 전유가 중요함을 강조한다. 진명숙은, 농촌의 정체성이 시대적 요인에 의해 끊임없이 재구성되는 역동적이고 다원적인 것임을 밝히고, '우리'와 '타자'를 나누는 이분법에 바탕한 자국민·남성중심주의에 젖어 있는 농촌의 문제점을 검토하며 농촌다움을 재구성할 조건들을 제시한다. 유상균은, 팬데믹과 기후위기에 의해 환기된 자연-인간-사회의 동적 공진화 관계를 이해·예측하기 위한 패러다임으로 복잡계 과학을 제시하고, 이미 관계적·복잡계적 사고와 실천을 바탕으로 축적된 농촌의 토속 지혜들과 복잡계 과학의 만남을 통한 적정기술의 활성화를 제안한다. 정영환은, 비닐하우스에서 친환경농사를 지으면서 경험한 농사 기술과 농기계에 관한 문제들을 세밀하게 짚으면서 기후위기와 농사의 관계를 농민의 감각과 관점에서 성찰하고, 적정기술을 함께 만들어가는 마을 문화를 제안한다. 권병준은, 사용자들을 '시스템의 노예'로 살아가게 하는 글로벌 거대기업의 윈도우즈나 맥 같은 상용 운영체제의 대안으로서 사용자가 자유롭게 접근해서 자신이 원하는 운영체제를 만들어갈 수 있는 '리눅스'를 제안하고, 리눅스 운영체제를 바탕으로 국악 음원을 분석해 새로운 소리를 생성하는 머신러닝 작업을 소개한다. 김학량은 언제나 권력자의 것이었던 미술의 역사가 은폐하는 문화적 위계를 드러내고, 농사짓는 나날의 삶 속에서 '그리기'와 '만들기'를 통해 만물중생을 섬기고 제 몸과 마음을 가꾸는 수신修身 과정이자 적정기술이기도 한 자생하는 농촌 미술의 윤곽을 생동감 있게 그려낸다.

이어서, 2000년 전후 논산시로 편입되고 개발사업이 이어지면서 사라지고 바뀌어가는 고향 강경의 장소들을 사진과 연보로 기록한 유현민의 포토에세이, 코로나19 이후 농촌에서의 문화 활동에 대한 조대성의 경험담, 농사를 지어보려고 농촌으로 들어오는 도시 청년들의 학습과 마을의 삶을 연결하는 새로운 형식의 마을학습체계인 '평민마을학교'의 형성사와 운영원리를 담은 정민철의 연재, 기후위기 시대에 탄소를 땅속으로 되밀어넣을 수 있는 친환경농사의 형식과 그 주체의 재구성에 대해 숙고하는 강마야·금창영·김정섭·정민철의 좌담, 공통적인 것에 바탕한 농촌 마을살이를 위해 재정의되어야 할 용어들을 그 어원과 사상적 맥락에서 입체적으로 조감하는 유대칠의 새로운 연재, 사적 자본과 공적 국가의 통치로부터 이탈하는 아나키스트적 감성과 실천을 권력의 맥락에서 새롭게 조망하는 장정일의 서평, 인간의 손과 머리를 분리하는 자본주의 생산체제의 노동형식에 가려 잊혀진 장인이 일하는 태도로부터 농민의 장인성을 발굴하는 정기황의 서평까지, 이 모든 기고문들이 우리가 21세기 농촌 마을 문화를 재구성해갈 방향을 모색하는 데에 흥미롭고도 귀한 실마리를 던져줄 것이다. 독자 여러분께 망설임 없이 일독을 권한다.

까다로운 주제임에도 청탁을 흔쾌히 수락하고 밀도와 생기 넘치는 멋진 원고를 보내주신 모든 기고자들께, 변함없는 지지와 후원을 보내주시는 마을학회 회원들과 『마을』의 독자들께 깊이 감사드린다.

트임

21세기
농촌 마을
문화의 재구성

마지막 혁명 | 함성호

21세기 농촌에서 전통과 민속, 향토와 장소는 무엇인가? | 안승택

농촌의 다원적 정체성과 바람직한 농촌다움 | 진명숙

농촌을 위한 과학, 농촌에 의한 과학 | 유상균

모두를 위한 농사, 탄소를 줄일 적정기술 함께 찾기 | 정영환

리눅스 운영체제로 가꾼 소리텃밭 | 권병준

나날의 살림살이를 되짚으며
스스로를 성찰하게 도와줄 새로운 미술의 모습을 찾아서 | 김학량

마지막 혁명

함성호
건축가, 시인

인류는 인류사 260만 년 중에서 259만 년 동안 수렵채집 생활을 하다가, 불과 1만 년 전부터 농사를 짓기 시작했다. 가축을 기르기 시작한 것도 비슷한 시기다. 그리고 2세기 전에 증기기관 기반의 기계혁명이 시작되고, 19~20세기 초에 걸쳐 전기에너지에 의한 대량생산혁명이 일어났다. 20세기 후반에는 컴퓨터와 인터넷을 기반으로 하는 지식정보혁명이 일어났다. 21세기 초반인 지금 우리는 빅데이터, 인공지능, 로봇공학, 사물인터넷을 기반으로 하는 초연결혁명기에 진입했다. 자율주행 자동차, 가상화폐, 입을 수 있고 몸에 심을 수도 있는 컴퓨터, 로봇공학, 스마트팜, 원격진료 같은 새 기술이 개발되면서, 우리는 포스트휴먼의 윤리를 고민하지 않을 수 없게 됐다. 특히 팬데믹 시대에 비대면 문제는 이제까지 당연시했던 일상의 모든 것을 다시 생각하게 만들었다.

그런데 이상한 점은 이렇게 최첨단 물질문명의 시대에, 그것도 바이러스 때문에 생명의 위협을 받는 시점에도 우리는 계속 '같이'를 고민하고 있다는 것이다. 이런 시대에도 '같이'의 가치가 왜 계속 유지되어야 하는지에 대한 의심은, 적어도 아직까지는 잘 보이지 않는다. 4차 산업혁명의 시대에도 '같이'의 가치는 계속 유효한 걸까? 그런데 우리는 어떤 다른 시대가 오고 있다든지, 새로운 기술이 세상을 바꿀 거라든지 하는 얘기는 무수히 하지만, 정작 그 새로움이나 다른 시대가 무엇을 위한 것인지는 너무나 당연하게 여기는 건 아닌가? 그것은 '인간'을 위한 것이고 '우리'를 위한 것이며 '같이'를 위해서 있어야만 한다고 말이다. 우리는 왜 이렇게 '같이'의 가치를 당연시하는 것일까? 엘리베이터에 서너 명 정도만 타도 전염에 대한 공포심이 일어나고, 공중목욕탕은 아예 갈 엄두도 못 내면서 우리는 끊임없이 누군가와 같이하는 순간을 기대한다. 4차 산업혁명이 만들 미래는 어쩌면 누군가와 만나지 않고도 모든 일이 완벽하게 가능한 세상일 수도 있다.

팬데믹 이후의 세계는 결코 팬데믹 이전으로 돌아갈 수 없고, 돌아가서도 안 된다. 이 말이 옳은 이유는, 지금 팬데믹 상황에서 우리가 고려해야 할 문제는 그 이전부터 꾸준히 제기되어 왔기 때문이다. 재택근무·마이너스성장·생태환경·기후변화·물류혁신·원격교육 등은 인터넷 원년인 1990년대 중반부터 미래의 모습으로 얘기됐었다. 이전에 없던 문제들이 갑자기 나타난 게 아니다. 단지 그 문제들이 팬데믹으로 인해 현실적으로 더 절실해졌고, 비로소 구체적인 동기를 얻은 것이다. 막연했던 것들이 갑자기 눈앞의 현실로 나타났다. 그런데도 왜 우리는 누군가와 같이 밥을 먹고, 누군가와 같이 영화를 보며, 누군가와 같이할 미래를 꿈꾸는가? 그 꿈은 과연 옳은 것일까?

불편한 근대, 충돌하는 윤리

인류가 농사를 지어온 1만 년 중 9800년 동안 농사는 인류의 사회·문화·경제적 생활을 지배했다. 우리에게 아직도 1만 년 전 수렵채취 시대의 습성이 남아있는 것처럼, 9800년 동안 농경민으로 살았던 습성이 불과 200년 동안 산업사회에 적응해왔다고 해서, 몸의 문제나 인식의 문제가 새롭게 재배치될 수는 없다. 그런데도 우리는 달라진 물질세계에 따라 몸과 정신의 재배치가 필요하다. 이 할 수 없는 일을 하게 만드는 게 근대의 제도다. 근대가 내세우는 '법 앞에서의 평등'은 농경사회의 윤리·도덕을 근대산업사회 시민의 윤리·도덕으로 재편성하기 위한 장치일 뿐이다. 르네상스인이 우월함을 돋보이기 위해 악의적으로 중세를 암흑으로 파악했듯이 말이다. 모든 것을 법과 제도의 문제로 해결하려는 근대의 집착은 산업사회의 새로운 가치를 세우려 하지만, 이는 계속해서 농경사회의 인식과 충돌하고 있다. 지금 우리는 4차 산업혁명 시대와 3차 산업혁명의 시대를 동시에 살면서, 농경사회의 인식과 산업사회의 물리적 구조와 충돌하고 있는 중이다.

연중 800mm 이상의 강수량을 보이는 아시아의 논농사 지역에는 전통적으로 나이가 많은 사람을 받들고 모시는 풍습이 널리 존재한다. 좋은 자리를 양보하고 맛난 음식을 어른들에게 대접하는 이유는, 불확실한 기후와 논농사의 특성상 오랜 경험을 토대로 하지 않으면 때를 놓치게 되고 한 해 농사의 수확량을 기대할 수 없기 때문이다. 아시아의 논농사 지역에서 나이 많은 사람들이 존경받는다는 이유로, 인민들에게 믿음을 얻기 위해 호치민이 수염을 길렀다는 얘기는 널리 알려진 일화 중 하나다. 산업사회 이후 자동차가 나오고 대중교통 수단이 등장해도, 나이든 어른에게 자리를 양보하는 농경사회의 윤리가 자연스럽게 펼쳐지는 광경이 서유럽인들에게는 낯설게 느껴지기도 했다. 그런데 도시가 점점 확장되면서 개인이 도시 안에서 자동차로 이동하는 거리와 시간이 늘어나게 되자 노인에게 자리를 양보하는 행동은 드문 일이 되어버렸다. 거대해진 도시 안에서의 이동은 젊은이들에게도 힘든 일이 되어버렸기 때문이다. 그래서 대중교통 수단에 노약자석이 마련된다. 노약자석은 이제 어르신에 대한 농경사회의 존경이 사라졌음을 보여준다. 그들은 단지 노인이기 때문에 한정된 자리나마 차지할 수 있다. 앉아 있는 젊은이는 서 있는 다른 노인에 대한 자신의 불편한 마음을 노약자석에다 씻어버릴 수 있게 됐다.

그 불편함은 수렵채취 시대와 농경사회를 거치며 만들어진 마음이었다. 이처럼 근대의 시스템은 인간의 가장 자연스럽거나 오래된 마음을 불편한 것으로 만든다. 왜 어떤 마음이 윤리로 치환되지 못하고 불편하게 남을까? 그것은 우리가 아직 산업사회의 새로운 윤리에 적응하지 못했기 때문이 아니다. 산업사회는 윤리나 도덕이 필요한 사회가 아니다. 그것은 우리에게 사회시스템의 부속이 되길 요구한다. 인간은 시스템 안에서 자율성을 잃고 조직의 논리에 따라 움직이는 기계가 된다. 200년 동안 네 번의 산업혁명을 겪으면서도 우리가 계속 농경이라는 가치와 농촌이라는 장소를 얘기해야 하는 이유가 여기에 있다.

더군다나 오랜 농경사회의 전통을 갖고 있는 아시아 쌀농사 지역에서, 산업사회가 강요하는 시스템 안에서의 자유는 꽤나 낯선 개념이다. 이 자유는, 전체를 전제하지 않는 동아시아의 '개인'이 아니라, 전체를 전제해야 성립하는 서구의 '개인'을 관리하는 시스템이 보장한다. 사회시스템으로 문제를 해결하는 서구의 근대는 상호 협조로 문제를 해결하는 데 익숙한 아시아 지역에서 예상치 못한 기현상까지 낳고 있다. 법의 보편성이 사람에 따라 선택적으로 작동하는가 하면, 일의 시작부터 끝까지 일관되게 지켜져야 할 계약서가 상황에 따라 변하기도 한다. 그런가 하면 한 개인 안에서도 자신이 믿고 있는 신앙의 교리와 자신이 타당하다고 생각하는 과학의 논리가 이상하게도 별다른 충돌 없이 같이 존재하기도 한다. 일테면 마리아의 처녀수태(무성생식)는 종교적으로 믿고 인간의 유성생식은 과학적으로 믿는 일이 모순 없이 일어난다. 이런 현상들은 아시아에서 전통인식이 얼마나 굳건한 것인지 잘 나타내준다. 그러면서 역으로 근대과학에 대한 추종의 기울기도 꽤나 가파르다.

특히 역사학에서 한국의 식민사관 극복 문제는 가히 엽기적이다. 서구와 아시아에서 통사通史가 쓰인 것은 민족이란 개념이 만들어지고 난 다음의 일이다. 일본은 메이지 시대인 1886년에 기존의 도쿄대학을 '제국대학'으로 개명하고 서양역사학과의 주임 교수로 랑케의 제자인 유태계 독일인 리스Ludwig Riess를 초빙했다. 리스는 스승 랑케에게 실증주의 역사론을 배웠다. 하지만 불행히도 동경대학에서 그가 했던 일은, 일본의 입장에서 식민지 운영의 정당성을 위해 침략 대상국가의 역사를 왜곡하는 일을 '실증주의 사관'이라는 이름으로 수행한 것이었다. 한국 최초의 근대적인 통사는 그의 일본인 제자들에 의해서 쓰였다. 침략을 정당화하기 위한 역사 서술에는 당연히 모종의 지침이 따랐다. 그것이 바로 정체성론·타율성론·공리공담론·사대론·당쟁론이다. 우리가 흔히 식민사관이라고 부르는 관점들이다. 그리고 나중에 이 식민사관을 극복하기 위해 민족주의 사관(이하 민족사관)이 등장한다. 민족사관은, 식민사관의 정체성론을 자본주의 맹아론으로, 타율성론은 내재적 발전론으로, 공리공담론은 실학으로, 사대론은 민족주의론으로, 당쟁론은 붕당론으로 극복한다. 그런데 역사학자 오항녕에 따르면, 일제에 의한 식민사관을 극복하기 위해 민족사관이 들고나온 이 극복의 대항마들은 우리의 독자적인 역사철학이 아니다. 역사는 계속 발전한다는 서구 진보사관의 틀 안에서 이루어졌다는 것이다. 즉 민족사관이 말하는 식민사관의 정체성론을 극복했다는 자본주의 맹아론은 두말할 것도 없이 자본주의에서, 타율성론을 극복했다는 내재적 발전론 역시 근대 진보사관에서, 공리공담론을 극복했다는 실학은 계몽주의에서 사대론을 극복했다는 민족주의론은 국민국가론에서, 당쟁론을 극복했다는 붕당론은 정당론에서 그 틀을 가져왔다. 결국 이 모두가 각각 서구의 진보사관에 그 뿌리를 내리고 있었다는 것이다. 일제 식민사관에서 벗어나기 위한 민족사관은 사실 서구 진보사관의 얼굴이었다.

쌀농사 지역과 밀농사 지역

신기하게도 9800년 동안 몸의 기억을 갖고 있으면서도, 학문이나 문학과 예술에 있어서는 불과 100년 남짓한 사이에 받아들인 근대의 체계가 우리의 정신을 지배하고 있다. 그렇게 생각하면, 역사는 우리에겐 혼돈의 수렁이지만 서구의 입장에선 어떤 관념적 일관성이 보인다. 역사는 계속 발전할 것이라는 진보사관의 관점과 1~4차 산업혁명의 직선적 발전관은 인류가 계속 나아지리라는 믿음으로 서로 통하는 점이 있다. 과연 우리는 더 나은 세계로 가고 있는가? 역사에 진보와 퇴보라는 것이 있기는 한가? 조선이 고려보다 더 발전했다는 근거를 우리는 역사에서 찾을 수 있는가? 인류의 지속적 발전을 믿는 진보사관에서도 기독교적 역사의 완성을 위한 선형적 형식은 유지되었다. 그러나 신학의 이론적 근거는 거부된다. 진보사관에서는 신 대신에 인간을 역사의 유일한 행위자로 본다. '신 대신에'라는 단서는 서구의 역사관이 아무리 인간의 행위를 강조한다고 해도 거기에는 어쩔 수 없이 신을 꾸준히 의식하는 인간이 있다는 말이다. 그러나 신이 없는 동아시아에서는 역사를 인간의 변화로 추적했다. 일찍이 사마천이 『사기』를 「열

전」과 「세가」로 구성한 것도 같은 이유다. 역사를 바라보는 시각, 사물에 대한 이해, 자연관, 초월자에 대한 인식이 아시아와 서구는 다르다. 서구의 산업사회 인식이 여전히 직선적이라면 아시아에서는 산업사회에 대한 고정된 발전관이 없다. 그럼에도 이 두 역사관의 차이가 여전히 농경시대에서 비롯된 차이라는 점은 흥미롭다.

흔히 사회심리학과 행동심리학에서 말하는 동양과 서양의 구분은 물질과 물체의 차이, 그리고 관계와 대상의 차이에서 드러난다. 서양인은 겉으로 드러난 사물의 특징(물체)에 집중하고 그것을 분석한다. 그리고 그에 의거해서 사물을 범주화한다. 반면, 동양인은 사물의 속성(물질)에 주의를 기울이고 맥락에 초점을 맞춘다. 또한 동양인은 관계중심적 사고를 하면서 동사중심의 언어를 사용하는 반면, 서양인은 대상 자체에 초점을 맞추고 분석적으로 사고하고 명사중심적 언어를 사용한다. 그로 인해 동양인은 순환적circular인 관점으로 사고하는 반면 서양인은 직선적linear인 관점으로 사고한다. 이러한 행동심리학의 추정은 언제나 정확히 일치하는 것은 아니지만 통계학적으로 유효하다. 그럼 어떻게 동양인과 서양인은 이런 각기 다른 특징을 갖게 되었을까?

그 이유를 농사에서 찾는 것은 물리적 토대가 확실하다는 점에서 설득력을 갖는다. 인류의 3대 작물이라고 하면, 쌀·밀·옥수수를 든다. 쌀은 연강수량이 800~1000mm 이상인 지역에서 자란다. 주로 동아시아·동남아시아·남아시아 지역이 주요한 쌀의 경작지이다. 이 지역의 기후를 몬순monsoon이라고 부르는데, 1년 동안 계절에 따라 바뀌는 바람을 말한다. 열대 몬순은 대륙과 해양의 비열 차이 때문에 여름에는 바다에서 육지 쪽으로, 겨울에는 육지에서 바다 쪽으로 부는 바람으로, 동남아시아 지역에 많은 비를 내린다. 쌀농사 지역은 숲을 태우고, 물을 가두기 위해서 관개수로가 발달한다. 그렇기 때문에 혼자서 농사짓기가 불가능하다. 각자의 논이 있어도 물은 모두의 논에 고루 흘러야 하고, 때에 따라 물꼬를 트고 막아야 하며 공동의 물을 저장할 넓은 저수지가 필요하다. 이러한 복잡한 경작을 위해서 쌀농사 지역에는 일찍이 다수의 힘을 결집할 수 있는 강력한 권력이 등장했고, 이는 나중에 정치적으로 중앙집권 체제를 발달시킨다. 사회적으로는 서열 문화가 생기고 관계중심적 사고로 조직 내에서 자신의 위치를 찾는다. 자연스럽게 '같이살이'를 위한 신뢰와 협력이 당연해졌다. 쌀농사는 정해진 땅에서 이동할 필요 없이 연작이 가능하므로 대를 이어서 한 마을에 계속 살게 되는 경우가 빈번했다. 그 결과 쌀농사 지역의 취락구조는 길이 아니라 마을 단위로 형성된다. 강우량이 많아서 나무가 흔하므로 마을의 집들은 목구조를 바탕으로 부재를 맞추거나 잇는 형식으로 세워졌다. 쌀농사를 가능하게 한 기후와 쌀농사 자체가 그 지역의 인문·지리·사회·건축·문화에 다양한 영향을 끼친 것이다.

반면에 밀농사 지역인 유럽과 레반트 지역, 아르메니아, 메소포타미아 지역은 강수량이 적어 쌀농사에 적합하지 않았다. 대기는 건조했고 석회질이 많은 땅은 척박했다. 밀은 그런 지역에서도 잘 자란다. 쌀농사에 비해 사람의 손이 많이 가지도 않았다. 관개수로를 계획할 일도 없었고, 얼마든지 혼자 경작할 만한 손쉬운 작물이었다. 다른 사람들의 협조가 그다지 필요 없었다. 그러나 쌀에 비해 밀은 치명적인 약점이 있었다. 일단 수확량이 적었다. 1만㎡ 당 수확량이 0.8톤밖에 되지 않았고, 종자 대비 수확량도 쌀에 비해 현저하게 떨어졌다. 쌀은 1만㎡ 당 수확량이 1.5톤 정도다. 밀에 비해 약 두 배 가량 많다. 더구나 밀이 종자 대비 수확량이 10배인 데 비해 쌀은 120배나 된다. 밀의 작물상 특징에서 인류문화사에 결정적인 영향을 끼친 것은 이어짓기가 불가능하다는 점이다. 밀은 한 해 심어서 수확하고 나면 다음 해에는 쉬어야 한다. 그렇다고 올 한 해 먹고 다음 해에는 굶을 수가 없으니 밀농사 지역의 사람은 한 해 농사가 끝나면 다른 경작지를 찾아 이동해야 했다. 이 이동이 밀농사 지역의 정체성을 이루는 데 크게 기여했다. 밀은 쌀에 비해 그 영양가가 현저히 낮다. 그래서 밀농사 지역의 사람은 밀의 낮은 영양가를 보완하기 위해 우유와 고기를 따로 섭취해야 했고 따라서 목축이 밀농사와 함께 성행했다. 밀과 목축, 모두 한 곳에 정착해서는 불가능한 농사다. 더군다나 혼자 가능한 농사였으므로 마을을 형성할 필요가 없었다. 이들은 경작지와 가축에게 먹일 풀을 찾아다니면서 타인과의 신뢰와 협조보다는 약속을 더 중요하게 생각했다. 마을을 이루고 사는 쌀농사 지역과 달리, 서로 떠돌아다니는 처지에 자신이 갖고 있는 자원을 남과 나누게 되면 그것을 돌려받을 수 있다는 보장이 없었기 때문이다. 계약은 그것을 보장하는 유일한 수단이었다. 계약은 언제 어디서도 약속을 지키라고 요구할 수 있는 밀농사 지역의 법이었다.

    알프스 지역이나 몇몇 산림지대를 제외한 밀농사 지역에서는 건축자재로 쓸 만한 목재가 흔하지 않았다. 그래서 이 지역의 건축은 돌을 쌓아서 벽을 만들고 목재로 이어 간단한 지붕을 만들었다. 나중에는 벽돌을 구워 쌓는 조적식 구조가 건축의 주요 방식이 되었다. 목조가구식 구조는 작은 부재로 압축력과 인장력을 견디며 내부공간의 손실 없이 효과적인 공간 구성이 가능했지만, 조적식 구조는 공간이 넓어지면 넓어질수록 더 두꺼운 벽이 필요했다. 성당 같은 대규모의 건축에서는 벽 두께와 사용할 수 있는 공간의 면적이 거의 반반에 가까워지기도 했다. 더군다나 창의 크기에도 한계가 있었다. 목조가구식 구조는 기둥과 기둥 사이를 다 창으로 낼 수 있었지만, 조적식 구조는 창이 넓어지면 창 위에 인방으로 쌓는 벽돌이 하중을 견디지 못하고 무너지게 되다보니 자연히 좁고 긴 창이 될 수밖에 없었다. 서양건축이 이 난관을 해결한 것은 철근콘크리트가 발견된 20세기 초 이후의 일이었다.

한자에서 쌀을 뜻하는 '미米' 자는 벼이삭을 형상화한 글자다. 이 자형을 두고 쌀농사의 어려움에 대해 '여든여덟八十八 번'의 손이 가야 한다는 해석이 있을 만큼 쌀농사는 손이 많이 간다. 그러나 일단 수확이 끝나면 탈곡해서 끓이거나 찌면 손쉽게 먹을 수 있다. 그러나 밀농사는 기르는 데에는 손이 많이 안 가지만, 먹을 때까지의 과정이 복잡하다. 빻고, 반죽하고, 발효를 시키고, 구워야 식탁에 올릴 수 있다. 이 복잡한 과정은 한 사람이 하는 것보다 나눠서 하는 것이 훨씬 효과적이었을 것이다. 그래서 서유럽인의 성씨에서도 보이듯이 농사꾼Farmer, 제분업자Miller, 빵굽는 사람Baker으로 분화되었다. 또 한 사람이 다수의 수요를 충족시켜야 하기에 강력한 물리적인 힘이 필요했다. 유럽에서 과학기술이 발달하게 된 것은 우연이 아니었다.

전쟁—과학기술과 농경

그렇다면 밀농사와 쌀농사를 같이한 지역이 있었을까? 여기에서 중국문명의 특이성이 등장한다. 유럽은 패권국가다. 유럽은 여러 왕조들이 혼인을 통해 서로 친인척 관계에 있었지만 한번도 영토나 정치적 통일을 꾀한 적이 없다. 로마나 나폴레옹, 히틀러의 정복전쟁도 통일을 위한 전쟁이 아니었다. 그보다는 유럽의 패권을 어느 왕조가 차지하느냐가 관심이었다. 거기서 정치경제적 이익을 노렸던 것이다. 통일을 해서 얻는 이익보다 패권을 쥐고 영향력을 행사하는 것이 훨씬 이익이 컸다. 그러나 중국은 끝없이 통일전쟁을 벌였다. 중국은 대륙을 통일해서 다스리는 것이 훨씬 이익이 컸기 때문이다. 유럽의 대부분은 밀농사 지역이었지만 중국은 양자강을 경계로 남쪽엔 쌀농사를 했고, 북쪽엔 밀농사를 했다. 자연히 밀농사와 쌀농사 지역을 오가는 자원의 교환이 요구되었고, 농사와 더불어 상업이 발달할 수 있었다. 그 물적 교류를 위해 남과 북을 잇는 대운하 사업이 벌어졌고, 다양한 인적 자원은 통일된 왕조에서 더 효율적으로 활용이 가능했다. 쌀농사와 밀농사 지대를 통합해서 얻는 물적·인적 자원은 중국의 통일왕조를 더욱 번성하게 했고, 19세기 말까지 중국이 세계에서 가장 부유한 국가로 존재할 수 있었던 뿌리가 되었다.

그렇다면, 넓은 밀농사 지역이 있는데도 중국에서는 왜 서양에 비해 과학기술이 발전되지 않았던 것일까? 중국은 예부터 많은 사람들이 여러 지역에 골고루 퍼져서 살아왔다. 밀이든 쌀이든 농사가 가능하지 않은 지역이 없었고, 많은 노동력이 있었으며, 그 인구를 먹여 살릴 상업 활동도 활발했다. 한나라 전성기인 AD 2년 중국의 인구는 최대 6000만 명에 달했다. 이는 18세기 프랑스대혁명 때의 유럽인구가 1억 5000만 명 정도였던 것과 시간의 격차를 감안해 계산하면 엄청난 인구다. 중국을 통일한 어떤 세력도 이 인구의 생존을 무시하고는 존속할 수가 없었다. 14세기부터 19세기까지 지속된 소빙하기에 유럽은 기근에 페스트까지 덮쳐 인구가 늘지 않고 있었다. 이 시기에 유럽은 적은 인원으로 생산량을 증대시키기 위해 기계를 만들었고, 이것이 산업혁명으로 이어져 세계의 패권을 잡았다. 그러나 기후변화로 인한 기근을 대하는 중국의 방법은 유럽과 정반대였다. 그들은 오히려 기계의 사용을 금지했다. 사마천의 『사기』, 「효경본기」에는 "말을 이용하여 곡식을 찧지 못하게 하였다. 수확이 좋지 않아 천하가 양식을 먹지 못할까 걱정하였다"는 기록이 있다. 당시의 기계의 동력은 바람이나 물과 같은 자연력이나, 말이나 소 같은 동물의 힘을 이용했다. 효경제의 기록은 기계 한 대당 50인의 몫을 하는 효율성을 버리고 그 50인에게 일을 나누어주라는 의미였다. 이와 같은 방법은 인구수가 적을 때는 오히려 상황이 더 악화될 수 있지만 많은 인구수를 가졌을 때는 적어도 일정 시기를 견딜 수 있는 가장 최선의 방법이 될 수 있다. 있는 기계를 버리고 사람을 쓰는 정책은 현대 중국에서도 종종 나타난다. 중국문명이 이룬 과학적 성과에 비해 기술적 진보가 더뎠던 것은 전통적으로 기계를 버리고 사람을 쓰는 정책 때문이었다. 결국 20세기 초에 이르러 중국을 비롯한 아시아는, 모자란 노동력을 기계로 보완해 기술을 발전시키고 무기를 개발한 유럽의 자원 수탈처로 전락한다. 사실 쌀농사 지역의 정복전쟁은 그리 흔한 일이 아니다. 그들이 평화로운 성품이어서가 아니다. 식량인 쌀이 전쟁 시에 그리 용이한 군수물자가 되지 못하기 때문이다. 무겁고, 장기간 보관이 용이하지도 않았다. 그러나 빵은 가볍고 장기간 보관이 용이하다. 당나라가 100만 대군을 이끌고 고구려를 침략했을 때 그 뒤의 보급 인원이 또 100만 명이었다. 적이 들판을 태우고 후퇴할 걸 대비했지만 결국 당나라는 보급로를 차단한 고구려군에게 대패하고 말았다. 알렉산더의 동방원정, 수차례의 십자군전쟁 등, 걸핏하면 몇십 년 동안 싸웠던 수많은 유럽의 전쟁은 돌덩이 같은 빵을 깨서 씹으며 이루어졌다.

 쌀은 병충해에도 약해서 재배하기 여간 까다로운 작물이 아니다. 밀은 수월하지만 가공하는 데 많은 수고가 따른다. 그러나 여기 정말 손쉬운 작물이 있다. 바로 옥수수다. 주로 남미 지역의 주식인 옥수수는 연 50일 정도의 노동으로 많은 수확량을 얻을 수 있다. 아즈텍 신화에 따르면, 창조신 케찰코아틀이 세계의 순환주기로 다섯 번째 태양의 때에 옥수수 씨앗을 나르고 있는 붉은 개미들을 보았다. 케찰코아틀은 붉은 개미를 따라가 토나카테페틀이라는 '자양분의 산'에 도착했다. 그곳에서 케찰코아틀은 검은 개미로 변신해 옥수수 씨앗을 훔쳐 인간에게 전해주었다고 한다. 창조신이 개미에게 훔쳤으니 신으로부터 불을 훔쳐 낸 프로메테우스처럼 벌 받을 일도 없었을 것이다. 신화에서도 얘기하듯이 아즈텍인에게 옥수수는 그리스 신화의 불처럼, 문명 그 자체였다. 아즈텍인은 적은 노동으로 먹을거리를 확보하고 나면 남는 시간이 너무 많았다. 연 50일 노동이면 계절에 따라 7~8일에 하루만 일하면 그만이었기에 그들은 남는 시간에 엄청난 다른 일을 하며 보냈다. 바퀴도 없고 가축도 기르지 않았던 그들이 순전히 사람의 힘으로 마추픽추를 건설하고 거대한 피라미드를 축조하고 정밀한 천문학을 연구했다. 당연히 이 유휴노동력을 가동하기 위해 강력한 전제군주 정체가 등장했고, 신정일치 체제를 추구했다. 이집트 문명이 나일강의 선물이라면, 아즈텍 문명은 옥수수의 선물이었다.

놀이와 이야기

제1차 산업혁명을 통과하며 인류는 산업사회로 돌입했다. 이 말은 밀농사 지역의 정치·사회·경제·문화적 표준이 전 세계로 확장되었음을 뜻한다. 그로 인해 아시아, 아프리카, 라틴아메리카 인민들의 삶은 세계관·가치관·윤리·도덕의 문제에서부터 관습·풍토·생활·교육의 문제까지 큰 혼란을 겪었다. 수천 년 동안 유지되어 오던 가치는 침략전쟁에서 당한 굴욕과 침략자의 과학기술에 대한 인정으로 한순간 무너지고, 근대라는 새로운 옷이 입혀진 것이다.

밀농사 지역의 분화된 직능이 과학기술과 접목되어 만들어진 비인격적 시스템은 인간이 감정에 쏟는 에너지와 자원낭비를 효과적으로 줄일 수 있었다. 인간은 남과 협력하도록 진화해왔다. 비협력적인 사람은 무리로부터 처벌을 받았고 사적인 복수와 폭력에 노출되었다. 그러나 사회가 커지고 복잡해지면서 다른 방법이 생겼다. 권력이 특정 세력에 집중되면서 법이 만들어진 것이다. 법에 의해 처벌이 비인격적으로 집행되면서 불필요한 감정과 복수, 자원을 아낄 수 있었다. 그러나 법에 의한 처벌 이전에도 그러한 장치가 있었다. 그것은 이야기다. 인간은 이야기를 통해서 자신이 하지 말아야 할 행위를 느끼고 안다. 그리고 어떻게 행동해야 많은 사람의 호응을 얻을지도 안다. 이런 이야기들은 대부분 있었던 일처럼 꾸며지고, 간접적이지만 타당한 정보가 된다. 반면에 허구의 이야기가 있다. 밀농사 지역에서 이런 허구의 이야기는 개인의 일탈을 방지하는 효과가 있었다. 그것이 종교다. 신이 너를 내려다보고 있다는 이야기는 아무도 보지 않는 곳에서 누구도 알지 못하게 저질러지는 범죄를 예방한다.

쌀농사 지역에서는 나를 감시하고 규제하는 신은 없다. 서로가 서로를 규제하고 허황된 이야기를 경원시하는 풍조가 있었다. 그래서 일찍이 역사서술에 대한 형식이 발달했고, 역사에서 살아남는 것은 영원한 생명을 얻는 것과 같았다. 이 역사가 신 없는 세상에서 인간의 윤리와 도덕을 지켜주고 있다는 것은 서구의 계몽주의자들에게는 여간 놀라운 일이 아니었다. 그래서 17~18세기 계몽주의 시대에 서구는 중국으로부터 신 없이 잘 사는 법을 배우고자 애썼다. 유럽의 공자로 불렸던 중농주의의 창시자 프랑수아 케네, 철학자이자 수학자인 라이프니츠와 볼프, 그리고 작가 볼테르 등이 그러한 열정을 가진 사람들이었다.

이야기는 법보다 강한 설득력을 가진다. 이야기는 생존을 위해 바쁘게 움직이는 어느 철이 지나고, 한가한 때에 골격이 만들어졌을 수도 있다. 그렇다고 그것이 결코 생존과 무관하게 이루어지지는 않았다. 이야기는 인류가 모여 살면서 생존의 가능성을 더 높은 쪽으로 유연하게 이끄는 보이지 않는 길이었다. 일컬어 '문화적 행위'라는 것을 우리는 흔히 쓸데없는 한담이라고 생각한다. 그러나 문화적 행위는 종종 생존의 가능성을 높인다. 거기에는 정보가 있기 때문이다. 그리고 그 정보는 대부분 재미, 즉 놀이의 요소를 갖고 전달된다. 그러기에 놀이를 통해 습득된 정보는 뇌에 지배되지 않고 즉각적으로 빠르게 반응한다. 아마도 이것이 인간이 끝없이 놀이를 함으로써 얻는 진화적 보상일 것이다.

마지막 혁명

밀농사는 이어짓기가 불가능하고 모자란 영양소를 목축에서 얻으므로 정기적인 이동이 필요했고, 쌀농사 지역에서는 서로 협력해야 하므로 마을이 발달했다. 마을은 단지 모여 사는 단위가 아니었다. 쌀농사 지역의 마을은 협력을 강화하기 위해서 놀이를 만든다. 매절기마다 먹어야 하는 음식이 있고, 함께 즐기는 놀이가 있다. 이는 일모작 지역과 이모작 지역에 따라 정도의 차이가 있듯이 밀농사 지역에서도 크게 다르지 않다. 인류가 농업을 시작하게 되면서, 농사에 절대적인 영향을 주는 기후와 계절의 변화에 따른 의례로서의 놀이는 동서양에 일반적인 농경문화의 하나였다. 그러나 근대도시는 마을까지도 시스템의 장으로 변화시켰다. 길과 속도, 생산, 효율, 자본이 진화적 보상으로서의 놀이를 대체했다. 도시에서도 마을에서도 놀이는 급격하게 사라져갔다. 교육에 너무 많은 자원을 쏟아야 했기에 어린아이들의 놀이도 컴퓨터 오락게임 하나로 굳어졌고, 이제는 그 게임이 어른들의 유일한 놀이가 되기에 이르렀다. 그렇다면 수천 년 동안 우리의 몸에 새겨진 농경사회의 인자들은 어떻게 되었을까?

버지니아대학의 토마스 탈헬름Thomas Talhelm은 밀을 재배하는 중국의 북부 지역인 베이징과 선양, 그리고 쌀을 재배하는 남부 지역인 상하이·난징·광저우·홍콩 등 6개 도시를 대상으로 두 가지 실험을 했다. 하나는, 두 지역의 커피숍에 혼자 있는 사람과 여럿이 있는 사람의 비율을 조사했다. 6개 도시의 256개 커피숍에서 8964명의 사람을 관찰한 결과, 쌀농사를 하는 남부 지역보다 밀농사를 하는 북부 지역에서 약 10% 더 많은 사람들이 혼자 있는 것으로 밝혀졌다. 또 한 가지 실험은, 주어진 환경에 맞춰 적응하려는 쌀농사 지역 사람의 태도와, 환경을 자기 의지대로 조절하는 밀농사 지역 사람의 태도를 비교하는 연구였다. 연구진은 커피숍에서 손쉽게 옮길 수 있는 가벼운 의자를 좁게 배치한 다음 그 좁은 공간을 사람들이 어떻게 지나가는지를 관찰했다. 그 결과 쌀농사 지역에서는 약 6%의 사람들이 의자를 옮긴 반면 밀농사 지역에서는 약 16%의 사람들이 의자를 옮기며 지나갔다. 쌀농사 지역의 사람들은 주어진 환경에 적응하려는 경향이 높았고, 밀농사 지역의 사람들은 주어진 환경을 고치고 나아가려는 경향이 높았다. (그러나 이 실험은 밀농사 지역에서도 쌀농사 지역과 같이 의자를 옮기지 않은 84%의 사람들이 있다는 것에 대해서는 설명하지 않고 있다. 이것은 행동의 차이를 낳는 요인이 우리가 생각하는 것보다 훨씬 복잡하다는 것을 말해준다.)

미국과 일본의 도시에서도 똑같은 실험을 진행했다. 그 결과 쌀농사 지역인 일본에서는 8.5%의 사람들이 의자를 옮겼고, 미국에서는 20.4%로 나타났다. 연구진의 가장 큰 관심은 홍콩의 경우였다. 홍콩은 영국의 식민지로 일찍 서양문물에 적응했고, 전 세계 금융자본의 아시아 허브로 1인당 GDP가 상하이나 베이징의 약 3배에 달하는 대도시다. 그럼에도 실험 결과는 개인주의적 성향보다는 쌀농사 지역의 관계중심적 성향이 더 높은 것으로 나타났다. 이런 실험 결과를 바탕으로 연구진은 자본화나 근대화의 차이보다는 쌀농사 문화와 밀농사 문화의 차이가 여전히 중국인들의 일상생활을 지배하고 있다고 보았다. 그러나 개인은 그런지 모르지만 한 사회는 점점 변하고 있다. 21세기의 기계화된 농업은 여든여덟 번 손이 가야 먹을 수 있다던 그 번거로운 쌀농사를 기계작업 시간을 제외하면 1000㎡를 경작하는 데 연간 16.29시간으로 줄여놓았다. 2010년 통계에 따르면, 이마저도 자가 노동시간은 14.65시간이고, 나머지 1.64시간은 돈을 주고 사람을 고용해 투입한 노동이다. 그렇게 1000㎡당 벼 생산량을 534kg으로 보면 벼 1kg을 생산하는 데 1.8분을 일한다는 애기다.

그렇다고 농민들에게 더 많은 여가시간이 주어졌다는 말은 아니다. 도시의 사무직원들이 근로 외 노동을 하듯이 농민들도 논농사 외에 밭농사, 비닐하우스 등을 하며 오히려 옛날보다 더 많은 노동을 하고 있다. 2021년부터 시행되는 주 52시간 근무제는 시간당 노동생산성을 높이고, 노동자의 삶의 질을 확보한다는 두 마리 토끼를 동시에 잡기 위한 정책이다. 이에 따라 도시의 삶의 질을 높이기 위한 도시재생사업이 시행되고 있다. 한마디로 도시재생과 농촌경관의 문제는 지나친 노동시간으로 떨어진 시간당 노동생산성을 확보하고 인간의 삶의 질을 높이기 위한 것이 목적이다. 우리는 여전히 더 잘 일하기 위해 더 잘 노는 것이 필요하다고 생각한다. 노동이 놀이가 되어야 한다고 주장하든, 놀이가 노동이 되어야 한다고 주장하든, 우리는 이 둘을 떨어뜨려서 생각하지 않는다.

산업사회의 노동은 놀이가 되기 어렵다. 앞에서도 말했듯이 산업사회는 거기에 걸맞은 윤리가 필요하지 않은 사회다. 산업사회는 개인에게 오직 자신의 시스템 속에 들어올 것을 요구하기 때문이다. 시스템 자체가 윤리가 되는 사회구조에서 개인의 행복은 제한적일 수밖에 없다. 더구나 노동이 놀이가 되기에는 너무 위험하다. 왜냐하면 그렇게 되는 순간 그 노동은 시스템을 위협할 수 있고, 노동 자체가 반사회적 행위가 될 수 있다. 산업사회를 일으킨 과학기술의 혁명적 변화는 인간을 시스템 속에서 사유하게 하고 도시를 자동차 중심의 도로체계로 바꿔버렸다. 이것을 반인간적이라고 부를 수 있지만 그것이 도시의 특징일 수도 있다. 우리는 이미 도시의 익명성을 즐기고 있지 않은가? 거기서 이산화탄소를 비롯해 다양한 오염물질이 배출되어도 시스템은 가능한 한 숙주를 죽이지 않는 바이러스처럼 그것들을 제한하면서 위반 시에는 처벌하는 기능도 가지고 있다.

그러나 과학기술이 농사에 적용될 경우는 문제가 달라진다. 한 그루 사과나무의 생산성을 높이는 과학기술은 (더 많은 사람들에게 사과를 먹일 수 있다고 여기기 때문에) 시스템 안에서는 합리적이다. 우리는 그것을 진보라고 생각한다. 그러나 유전자변형 식품은 인간에게 아직 밝혀지지 않은 큰 위험이 되고 있다는 점에서 반사회적이다. 유전자변형 기술이 인류가 농업에서 수천 년간 사용해온 선택적 육종교배의 연장일 뿐이라는 주장도 있다. 그러나 이 주장은 역설적이게도 1만 년 전의 농업혁명이 자연스럽지 못한 길을 걸어왔음을 보여준다. 그리고 그 길이 200년 전의 산업혁명과 연결된다는 것을 증명한다. 산업혁명은 인간의 힘이 자연에 영향을 끼치기 시작한 1만 년 전의 농업혁명이 반드시 열어야 할 판도라의 상자였다.

쌀농사 지역이 대부분인 아시아에서는 그런 혁명은 일어나지 않았다. 아시아가 가지고 있는 판도라의 상자가 열리기도 전에 대부분의 지역이 서구의 식민지로 전락했다. 그리고 20세기는 서구가 식민지 지배의 편리를 위해 그어놓은 무분별한 국경선으로 인해, 아시아·아프리카·중동·발칸 지역 등지는 인종·국경·종교 분쟁으로 단 하루도 편할 날이 없다. 의자를 치우고 지나가는 사람들이 열어본 상자에는 이제 단 하나의 희망만이 남은 것 같다. 그것은 인류가 아직 열어보지 못한 상자이거나 전혀 다른 무엇일 것이다. 어떤 선택을 하든 우리는 마지막 혁명을 준비해야 한다. 그것은 앞으로 다시 없을 혁명이 아니라 미래 쪽에서 볼 때 마지막인 혁명이 될 것이다.

인류사 260만 년 동안 우리는 21세기라는 초유의 상황과 마주하고 있다. 20세기에 처음으로 우리는 인간이 만든 환경에 살게 되었고, 21세기에 우리가 만든 환경은 급속도로 변화했다. 이젠 인간은 자신들이 만든 환경에 적응하지 못하고 있다. 환경에 적응하지 못하는 위태로운 인류는, 그 환경을 만든 것이 바로 자신이라는 아이러니에 직면했다. 더군다나 기후변화는 그것이 인간이 만든 것인지, 아니면 지구기후의 순환주기인지 정확히 알 수 없다. 한편에서는 1만 년 전에 빙하기가 물러나고 홀로세와 함께 시작된 간빙기가 왜 이렇게 오래 지속되는지를 밝혀야 한다는 목소리도 있다. 오히려 인류 문명이 배출하는 온실가스가 빙하기를 늦추고 있다는 주장도 있다. 그것이 무엇이든 많은 학자들이 변화를 얘기한다. 그러나 문제는 변화에 우리가 적응하지 못한다는 사실이다. 인간의 진화가 더 이상 급변하는 환경에 적응하지 못하는 상황에서, 이 변화의 속도를 늦추는 것이 가능한 일인지도 알 수 없다. 아무래도 미래는 예측 불가능한 상황으로 가고 있는듯 하다. 20세기에 '현자의 돌'로 군림하던 과학은 이제 순수한 허구의 이야기가 되고 있다. 아울러 근대의 태양이 저물어간다. 그래서 1만 년 전의 농업혁명을 다시 호출해내며 나는 '마지막 혁명'을 얘기하고 싶다. 어쩌면 인류의 황혼이 될지도 모르는 이 혁명은 그 무엇을 위한 것도 아닌 혁명일지도 모른다. 그러나 한 가지 확실한 것은 그것이 인간에 의한 혁명일 것이라는 점이다. 역시 인간을 위한 혁명은 아닐 것이다.

21세기 농촌에서
전통과 민속,
향토와 장소는 무엇인가

안승택
역사인류학자

| 마을과 공동체

이미 구시대적 인식이 되었음에도 대중은 물론 전문가들도 쉽게 버리지 못하는 생각이 하나 있다. '전통 농촌은 내 일 네 일 안 가리고 모두 도우며 살아가는 협동과 평등의 세상'이며, '농촌공동체는 아주 오래전 자연스레 만들어져 매우 편하고 자율적인 상태'라는 '상상'이다. 그러나 어느 시대, 어느 사회에서든 공동체는 온갖 난관과 장애를 뚫고 간신히 만들어내는 것이었다. 그것은 기정사실로 주어지는 것도, '자연적'으로 만들어지는 것도 아니었다. 또한 때로 서로가 온갖 불편을 끼치거나 감수하지 않는 한 유지되기도 어려웠다. 신분이나 부에 따른 차별·억압·착취·굴종이 만연했음은 물론이다. 특히 고만고만한 경제력을 지닌 소농이 바글바글 살아가는 한국 농촌에서, 공동체는 사람을 옴짝달싹 못 하게 하는 갑갑한 것이기도 했다.

그렇다면 왜 인간은 그런 노고와 불편, 부자연스러움과 갑갑함을 감수하면서까지 공동체를 만들었던 것일까? 몇 가지 자료와 사유에 다소의 추정을 얹어 제시하자면 크게 두 가지를 들 수 있다. 첫째는 '사회적 보호의 장치'라는 측면이다. 비록 공동체가 '감옥'처럼 답답한 곳이라도, 최악의 감옥조차 만물이 만물의 생존을 위협하는 '정글'보다 낫다면, 공동체는 인간을 보호하는 장치일 수 있었다. 아울러 공동체 특유의 활기·온기·재미와 각종 미덕까지 갖춘다면 더할 나위가 없었고, 이런 개선이 충분히 가능하다고 여겨졌다. 둘째, '국가적 지배의 장치'라는 측면이다. 국가로서는 사람들을 공동체에 묶어두고 납세·국방·부역 등의 시스템과 지배층에 대한 의무에 충실하도록 만들 필요가 있었다. 물론 사람을 공동체에 잡아두자면, 족쇄와 함께 유인도 있어야 했다. 족쇄에 의한 강압이든 유인을 통한 자발이든, 잘만 되면 공동체는 국가와 전체 문명을 유지하는 최적의 수단일 수 있었다. 그러므로 큰 위협이 되지 않는 한 공동체에 일정한 자율과 자치도 허용될 수 있었다.

그러니 농촌 마을을 둘러싼 여러 개념 중 (도처에서 자주 그리고 전혀 나쁘지 않은 뜻에서 쓰이지만) 심각한 오해를 초래하는 것이 바로 '자연촌', '자연마을' 등의 용어이다. 이는 본래 일본 학계가 그들의 근세·근대에 나타난 촌락 사회와 제도의 변화를 설명하기 위해 고안한 개념이다. 그런데 일제강점기 일본인 학자에 이어 해방 후 한국 농촌을 연구한 국내 사회학자·인류학자·역사학자들도 이 용어를 채택함으로써, 한국의 사회·문화·역사를 설명하는 개념으로 활용하게 됐다. 애초 '자연촌' 개념이 고안된 것은 근대에 제도화된 일본의 촌락(무라)이 유구한 옛날부터 그대로 있었던 것은 아님을 밝히기 위해서였으니 나쁜 뜻에서 만들어진 말이 전혀 아니다. 문제는 머리에 붙은 '자연'이 엉뚱한 상상의 결과이며, 또 엉뚱한 상상을 만들어낸다는 점이다.

이 '엉뚱함'과 관련해서 가장 우려되는 문제는 무엇일까. 적게는 10여 호, 많게는 근 100호에 이르며 대개 30~40호 안팎인 현재의 농촌 거주 구역을 '자연촌', '자연마을'이라고 부를 때, 농촌 마을이 불변하는 고정적·통합적·균질적 실체이고 앞으로도 반드시 지켜나가야 하는 과거로부터의 문화유산이라고 생각하기 쉽다는 점이다. 만일 마을이 하나의 문화유산이라면, 그것이 단지 과거로부터 전해졌고, 지금도 지켜야만 하는 무엇이기 때문일 수만은 없다. 현재 마을 사람들의 삶에 도움이 되고, 현재와 미래에 닥쳐오는 위협에 대응하는 일상의 무기가 되며, 그 마을에서 무언가를 하려는 사람들의 현실적 필요에 효과적으로 부응하는 수단일 수도 있기 때문일 것이다. 그 밖의 논리는 마을을 순수 감옥으로 만드는 길이기 쉽다. 감옥을 만들고 그 안에 갇힐 것인가, 감옥을 부수고 유용한 보호처로 삼을 것인가의 문제는 우리의 선택이 요구되는 갈림길이다.

역사적으로 보아도 오늘날 '자연촌'이라 불리는 거주 구역들이 성립한 것은 주로 조선 후기에 들어서인 경우가 많다. 고려 말에서 조선 초 사이에 사람들은 다른 수단으로 (가령 거의 면 단위에 이르는 향도香徒 등의 조직을 결성함으로써) 그러한 공동체적 요구에 대응해왔다. 집성촌이나 강력한 장자 우대 부계친족, 흔히 '두레'라 불리는 노동 조직 혹은 노동 문화 등, 오늘날 우리가 공동체를 상상할 때 늘 떠올리는 몇 가지가 여말선초 시대에는 없었다. 또 근대와 현대는 물론 조선 후기에도, 특정 마을 안에 살지 않지만 그 마을에 관계된 사람들이 동계洞契 등의 마을조직이나, 동제洞祭 등의 마을의례에 참여하는 일이 간간이 있었다. 따라서 마을의 필요, 마을의 상상, 마을의 실천이 마을의 모습을 만드는 것이지 그 역이 아닌 셈이다. 이는 다시 자연촌 단위에만 집착하는 행정·복지·학술 등과 같은 현행 활동의 문제점을 인식하는 계기가 되며, '전통'이란 무엇인지를 다시 묻도록 우리에게 요구한다.

전통과 민속

우리가 오늘날 전통이라고 인식하는 것이 수백수천 년 전부터 면면하게 이어져온 것이 아니라는 점은, 일부의 '강성 전통론자'를 제외하면 오늘날 상식이 됐다. 대개 전통의 개념과 가치 옹호는 근대 이행기에 나타난 보수주의나, 외부세력(시장·자본·국가·특권층·제국주의 등)의 침입에 맞선 지역주의·민족주의의 대응에서 두드러진다. 일반적으로 전통은 이전에 융성하다가 역사적 이행이나 외세 침입으로 존재의 위협을 받게 됐다고 인식되고, 가치까지 있다고 여겨지는 문화유산을 가리키는 경향이 있다. '이행·침입기'라는 시점時點과 '인식되고 여겨지는'이라는 시점視點이 작용하기에, 이러한 판단에는 필연적으로 제약과 선택이 개입한다. 즉 어떤 것은 제약 속에 전통으로 선택되고, 어떤 것은 제약 속에 버려지며, 없었거나 중요하지 않던 것이 있었거나 중요했던 것처럼, 혹은 아무런 자의식 없이 단절됐던 것이 갑자기 되살아나 거대한 뿌리를 지닌 것처럼 생각되기도 한다.

그러나 이런 점 때문에 전통의 힘이나 의미와 관련해서 비관하거나 허무하게 여길 필요는 없다. 본래 문화, 삶이란 그런 것이기 때문이다. 교실 안에 있는 교사와 학생의 상황을 떠올려보자. 아무리 열심히 가르치고 배우려 해도, 교사의 말을 그대로 받아 적고 그대로 이해하는 학생이 있을 수 없다. 그렇기에 교사는 판서하고 수업자료를 제시하지만, 이렇게 해도 무언가를 빼먹거나 뒤집어 이해하는 것은 당연한 일 아닌가? 문화의 세대 간 전승은 물론 작년이나 심지어 어제 했던 일을 같은 사람이 오늘 되풀이하는 경우에도, 그처럼 결락, 즉 빠트림을 통한 전승이나 차이가 나는 반복은 필연적이다. 제사나 차례를 지내본 사람이라면 그 방식에 매년 차이가 개입함을 안다. 그렇기에 조상들은 '홀기笏記'라는, 의례 순서를 적은 문서를 만들어서 절차적 동일성을 확보하려 했다. 그러나 이는 다시 홀기에 안 적었거나 명기 불가능한 내용에서 차이와 변통을 만든다. 결혼식 사회를 처음 보는 사람도 큰 실수 없이 해낼 수 있는 것은 예식장이 제공하는 순서지가 있기 때문인데, 실제로 사회를 보노라면 순서지 그대로 따라 하기가 생각보다 어렵다. 오히려 변통(이른바 '애드립')이 있어야 원만히 진행된다. 이것이 문화와 삶의 본성이다.

　이러한 양상을 개념으로 포착할 때 문화적 전유cultural appropriation라는 말을 쓴다. '자기 것으로 만들기'라고 번역되기도 하는데, 말이 낯설고 설명은 복잡해도 그 내용은 우리가 매일 하는 일이다. 기술이나 사물이든 관념이나 규칙이든 대부분의 문화적 산물은 올바른 용법을 전제하고 만들어진다. 하지만 전달과 확산 과정에서는 '올바른 용법'에 대한 불완전한 독해와 결락의 보충이 개입하지 않을 수 없다. 따라서 문화적 산물과 관련해서 설계·생산의 의도도 여럿이고 독해·활용의 방식도 여럿인 상황이 만들어진다. 이것이 다양한 문화적 전유, 즉 저마다 고유한 '자기 것으로 만들기'의 방식이 나타날 수밖에 없는 이유이다.

　그런데 이처럼 규범의 재생산에서 결락을 통한 전승이나 차이 나는 반복이 발생할 때, 행위자의 관점에서 보면 두 가지 경우가 있을 수 있다. 첫째는 고의적인 규범의 파괴나 위배를 염두에 두고 행동에 옮기는 경우이고, 둘째는 (열성적인 교사-학생 관계에서처럼) 최선의 지력과 노력으로 따르려 해도 결락과 차이가 나타나는 경우이다.

　민속에 대한 20세기적 관심은 주로 첫 번째 경우에서 출발했다. 그러나 인문사회과학의 여러 이론적 논의, 그리고 실제 역사와 현실에서 나타나는 다양한 사례를 있는 그대로 이해하려는 시도가 진행되는 가운데, 그 관심은 점차 두 번째 영역으로 확산됐다. 그러므로 행위자의 관점에서 차이와 변칙을 생산하려는 의도가 있었는가 없었는가는 물론 중요한 문제지만, 의도했든 의도하지 않았든 모두 문화적 전유에 해당한다고 할 수 있다. 이는 '전통적'인 공동체 문화가 붕괴하는 오늘날의 관점에서 민속을 어떻게 이해할 것인지의 문제와 결부된다.

민속은 흔히 민중의 혹은 민중적인(백성 민民) 생활풍속(풍속 속俗)이라고 정의된다. 이때 '민중의' 혹은 '민중적인' 것이 무엇인지를 이해하는 길은 크게 두 가지가 있다. 하나는 사회계급론적 관점에서 피지배계급의 삶의 방식을 가리키는 것이다. 다른 하나는 문화실천론적 관점에서 결락의 보완이나 차이의 생산으로 지배적 규범을 변주해가는 삶의 방식을 말한다. 두 번째 방식으로 이해하면 (비록 피지배계급의 풍속이 아닐지라도) 의도적이든 아니든 지배적 규범의 문화적 전유가 발생할 때 이를 민속 현상으로 볼 수 있다. 가령 반가班家에서 올리는 제례라 해도, 『예서禮書』에는 과果라고만 적은 제물에 어떤 과일을 올릴지를 정함으로써 지배 규범의 결락을 보완하고 이런 문화적 전유를 통해 개인적 혹은 집단적 정체성을 확보하려는 시도가 있다면, 이는 민속 현상에 해당한다. 즉 민속은 전통 사회 농민층의 정월대보름 풍속이나 두레 호미씻이에만 있는 것이 아니다. 지배적인 규범에 맞서서, 혹은 그것을 따르려 해도 도저히 똑같이 따라 할 수 없어서, 그 결락을 주변의 것이나 이미 아는 것으로 메우고, 규범을 따르거나 반복하려다가 자기 방식으로 차이를 만들어내고 마는 모든 일이 곧 민속이 된다. 문화적인 전유에 대해 앞서 본 것처럼, 따라서 민속은 오늘날의 삶과 문화 도처에 존재한다.

그렇다면 사회계급론의 관점에서 중요하게 봤던 민속의 담지자, 즉 주체의 문제는 어떻게 이해해야 할까. 특히 '자연촌으로서의 마을'과

'자연촌 단위 공동체'만을 농촌 사회와 문화의 궁극적이고 본질적인 현장이라고 여기는 관점에 이견을 제기하려는 이 글의 입장에서 볼 때, 민속의 주체를 어떻게 이해하는 것이 좋을지는 고민거리가 된다. 이 문제에 대해서는 인류학에서 문화 개념과 그 현장 사이의 관계를 설정하는 방식을 참고할 수 있다. 인류학에서 문화 개념은 흔히 '학습되고 공유되는learned and shared 관념체계나 생활양식'이라고 정의된다. 따라서 마을이나 공동체 연구에서 '그들'의 문화는 해당 마을이나 공동체 구성원이 학습하고 공유하는 것으로 상정되었다. 바꿔 말하면 이렇게 파악된 문화란, 마을이나 공동체의 지리적·사회적 경계 안에 존재하는 것이다. 또 마을과 공동체에 속한 사람들이 자생적·자율적으로 만들어서, 자신들의 힘으로 지켜왔고 지켜나가야 하는 대상이 되는 셈이다.

'학습되고 공유되는'이라는 문화의 규정이 그 자체로 문제될 이유는 없다. 문제는 이 '학습과 공유'를 특정 (지리적 혹은 사회적 경계 안으로 닫힌) 집단에 의해 이루어지는 것으로 간주할 때, '경계가 엄격한 집단=문화를 담는 그릇'처럼 사고하며, 그 경계의 안과 밖을 단절하는 인식으로 연결되기 쉽다는 점이다. 그러나 인류학적으로 공유sharing란 어떤 사람이나 사물이 다른 사람과 사물에 동시에 소속되거나 소유될 수 없음을 반드시 의미하지는 않는다. 즉 문화가 일종의 커먼즈commons(공유재, 공공재)라면, 이는 문화가 특정 경계 안의 사람들에게만 소속되고 그들이 배타적으로 소유해서만이 아니라, 경계 안팎에 걸쳐 살아가는 사람들 사이에서 부분적으로 혹은 일시적으로 접속(연결)·이용·변형되기 때문이기도 할 것이다.

이와 관련해서 근래 대두된 흥미로운 민속학적 사고는, 민속을 포클로어folklore가 아니라 버내큘러vernacular로서 파악하려는 논의이다. 지금까지 민속으로 번역되어온 '포클로어'는 '근현대의 대두와 더불어 소멸해가는 공동체의 문화'를 가리키는 경향이 있었다. 반면 지금까지 토착어 등으로 번역되어온 '버내큘러'는 본래 '노예로 붙들려온 자들이 원래의 언어와 주인의 언어를 뒤섞어서 새롭게 만들어내는 언어'를 가리키는 말이었다. 그런데 이를 민속 전반을 가리키는 말로 사용하게 되면, 새롭게 대두되는 상황에서 만들어지는 혼종적hybrid 현상을 가리키게 된다.

따라서 '민속=포클로어'가 아닌 '민속=버내큘러'는 개인이 맞닥뜨리는 새로운 상황마다의 고유성과 그에 따른 개인적 변형을 강조하는 개념이다. 이 개념은 지리적·사회적 경계와 소속 여부가 분명한 공동체의 일원이기 때문이 아니라, 특정 개인이 타인과 어떤 사회적 맥락을 공유하기 때문에 생겨난다. 민속의 주체 또한 집단이 아니라 개인이며, 개인이 지리적·사회적 경계를 넘어 다른 사회적 맥락에 접속하면 이를 통해 다시 자신의 버내큘러를 형성해나간다. 개인이 접속하는 사회적 맥락은 개인마다 다르고 또 여럿일 수밖에 없기에 (같은 집단에 속하든 아니든 각 개인은 자신이 처한 사회적 맥락의 일부와 그로 인해 가지게 된 버내큘러의 파편을 어떤 타인과 공유하지만) 어느 누구의 버내큘러도 서로 완전히 같은 것일 수는 없는 셈이다. 사회·역사·환경의 중요성을 강조하지만, 그 기초를 집단이 아닌 개인에 둔다는 점이야말로 이 개념의 가장 큰 특징이다.

이야기가 다소 어려워지고 말았다. 요는 아래의 두 가지를 확인하려는 것이다. 첫째, 어떤 '마을'에 지리적·사회적으로 소속된 사람인가 아닌가보다는, 그가 속한 위치가 어디이든 해당 '마을'에 접속해서 그 맥락을 공유할 수 있는지가 더 중요하다는 것. 둘째, 문화 개념에 대한 이해가 집단에 귀속되는 소속·소유의 관점으로부터, 개인에게 귀속되는 접속·이용의 관점으로 확대·변화 중이라는 점, 그리고 이 추세를 긍정하며 더 밀고 나아가보자는 것.

향토와 장소

무언가를 정의하는 일은 항상 어렵다. '대구 (지역)사회'나 '한국 사회'가 실제로 무엇이고 과연 그 실체가 있는지를 가만히 생각해보면 답하기가 어렵다. 경제학의 하위 분야인 행동경제학은 이전에 어떤 의미에서도 '경제'라고 인식되지 않던 행동까지 다루고 있다. 그러니 우리가 흔히 써오던 '사회'나 '경제'라는 용어조차 쉽게 정의되기 어렵다.

 '향토'를 정의하는 일은 그중에서도 특별히 어려운 듯하다. 그럼에도 현실의 용례와 사전적 정의에서 어떤 일반적 특징을 추출하자면, 향토는 ①태어나 자란 곳, 즉 '고향'의 의미와 ②수도나 도회가 아닌 주변부 지역 즉 '지방'이나 '시골'의 의미, 이 두 가지가 기본이 되는 것으로 보인다. 여기에 한 가지 정도를 덧붙이면, ③향토의 '향鄕'에는 본래 군郡 단위, 즉 '고을'에 해당하는 뜻이 있다는 점을 지적할 수 있겠다. 이 셋째 측면은 전근대의 맥락에서 특히 중요했다. 가령 '향중공론'이니 '향안'이니 하는 것은 모두 기본으로 군 단위에서 만들어졌다. 또 군 단위 경계를 넘어 세대가 분리될 때 '입향入鄕'이라 하고 군 내부의 세대 분리는 '분가分家'라고 파악하는 것도 같은 맥락이다. '향토연구', '향토사', '향토 문화' 등의 개념이 먼저 사용된 근대 초기 일본에서도 마찬가지였다. 어떤 '향토적'인 것이 '우리 고향'이라는 감각을 불러일으키는 범위, 그것을 자기가 속한 '향토'의 것으로서 인식하게 되는 범위 역시 대개 군 단위 수준까지로 이해됐다. 즉, 내가 속한 마을의 역사가 아니더라도, 내가 속하는 군내 한 마을의 역사라면 '우리 고장'으로서 '향토'의 역사라고 이해됐던 셈이다.

　이런 사정은 '향토사'나 '향토 문화'에서, '향토'의 자리에 '지방'이나 '지역'이라는 말을 집어넣었을 때 그 함의가 어떻게 달라지는지를 생각해보면 쉽게 이해할 수 있다. 대개 지방이라 하면 중앙 즉 국가의 중심지인 수도에 대비되는 의미를 지닌다. 따라서 공간에 관한 정치적 위계 설정이 그 낱말에 따라붙는다. 반면 지역이라고 하면 상대적으로 모든 공간 단위를 같은 수준에 놓고 인식하는 개념이다. 따라서 '서울 지역' 같은 용례도 가능하다. 또 어떤 국가 내의 일부 공간만이 아니라 여러 나라에 걸친 큰 공간 범위를 가리킬 수도 있어서, '동북아 지역' 같은 말도 쓸 수 있다. 한때 지방사와 지역사 중 무엇이 올바른 학술 범주인가를 놓고 학계에서 가벼운 논쟁이 있었다. 이는 공간적 차별과 위계화를 현실로 인식하고 이에 정면으로 문제를 제기하려는 쪽과, 모든 공간 단위가 대등한 시스템인 것으로 설정하고 출발해야 한다는 쪽 사이의 이견이 표출된 것이었다. 그러나 지방사와 지역사 중 어느 쪽을 택하든 그 주체가 해당 지방/지역에 '속한' 사람이어야만 하는 것은 아니며, 심지어 대상에 대한 일정한 '거리두기'가 되지 않은 지방사·지역사는 학술적 가치가 떨어지는 것으로 인식되기도 했다.

　이에 반해 향토사나 향토 문화의 연구라고 하면, 이는 무엇보다도 (지역사와 지역 문화나 지방사와 지방 문화 연구에서 필요조건은 아닌) '자기 고장의 역사와 문화에 대한 연구'라는 함의가 들어간다. 대개 군 단위 공간 범위를 지닌 지역사회가 그 연구의 주체로서 '향토학계'가 된다. 이로 인해 향토사와 향토 문화 연구는 전문적인 연구자보다는 소위 '일요역사가sunday historian' 등 아마추어 연구자의 영역이라 폄훼되기도 했다. 반대로 직업적 연구자의 작업이 지역 실정을 모른 채 헛된 우월의식의 전시장이 되는 점에 비판이 집중되기도 했다. 이 문제 자체는 당연히 직업적 연구자와 아마추어 연구자의 결합 및 상호보완이 요구되는 성질의 문제다. 그런데 이와 별도로 두 가지 점을 생각해 볼 필요가 있을 것 같다. 첫째, '나의 고장', '우리 지역' 의식이 '향토'의 개념에 깃드는 점은 중요하다. 둘째, 그렇지만 향토가 '고향/시골/고을 향鄕'에 '흙 토土'가 붙은 말임에도, 그 '토'는 대개 추상적·정치적으로 '땅'을 뜻할 뿐 고향/시골/고을의 흙 자체 즉 자연환경에 대한 관심은 (지역이나 지방도 마찬가지지만) 약했던 것이 사실이다.

행위자들이 특정한 공간space을 '나의 것', '우리 것'이라는 의미를 담아서 인식하게 될 때 지리학에서는 이를 '장소place'라는 개념으로 포착한다. 그리고 이렇게 문화적으로 의미화된 장소의 성격을 '장소성placeness'이라 부른다. 장소성은 어떤 상징 능력을 지닌 장소의 성격과 그런 장소에 대해 사람들이 갖는 의식의 총체인 장소감sense of place, 그리고 특정 장소에 대해 사람들이 갖는 감정적 결속력을 의미하는 장소애topophilia, 이 두 가지로 구성된다. 장소감과 장소애가 결합된 장소성은 인간주의 지리학의 핵심 주제다. 앞서 적은 내용과 함께 이해하자면, 이는 공간에 대한 문화적 전유의 결과라고 할 수 있다. 즉 특정 공간을 자기의 것으로 만드는 방식은 여러 가지가 있을 수 있다. 경제적으로 그것을 소유하는 것, 법적으로 그 소유권을 등기하는 것, 정치적으로 그 공간을 지배하는 것만이 아니라, 문화적으로 그 공간에 대해 자기만의 의미를 부여하고 장소성을 형성하는 일까지가 포함된다.

현재 우리 사회는 「문화기본법」에 입각한 국민적 기본문화권의 시대로 진입하고 있다. 문화예술·문화산업·문화유산과 지역 문화 등 문화에 관한 모든 법률과 정책 전반을 규정하는 법률로 2013년 제정된 「문화기본법」에 따르면, 문화란 문화예술뿐 아니라 모든 국민의 생활 양식, 공동체적 삶의 방식, 가치 체계, 전통과 신념까지 포함한다. 또 모든 국민은 이런 문화를 자유롭게 창조·참여·향유할 권리(즉 '문화권')를 지니며, 국가와 지방자치단체는 이런 문화의 가치가 사회 전반에 확산하도록 역할을 다할 책무를 지닌다. 아직 인식도 활용도 부족하지만, 기존 제도와 관행에 대한 「문화기본법」의 잠재적 파괴력은 막강하다. 현재 법제와 정책 전반이 이에 따라 고쳐지지 않은 상태이지만, 이 법률을 토대로 문화 법제와 정책 전반을 바꾸는 시도가 이어질 것이다. 요는 문화 관련 논의의 기준과 주도권이, 전문가·문화재·산업화와 효율·수익의 영역이 아니라, 일상을 영위하고 그 가치와 신념을 지키고 활용하려는 국민 모두에게 돌아온다는 점이다. 이를 실제로 이루려면, 이 '문화권' 개념이 공간의 문화적 전유 및 장소성 관념과 밀접하게 결부된 것인 점에 대해 향후 많은 연구·개발·실천이 따라야 할 것이다.

공간의 문화적 전유에 따른 장소성 형성이 장소에 대한 문화적 권리와 결부된다면, 문화적 전유가 어떤 내용으로 이루어지는지가 장소에 대한 문화적 권리의 내용을 규정한다고 할 수 있다. 이때 기존 향토사와 향토 문화 연구의 일부 편향에서처럼 '향토'의 '흙'을 추상적·정치적으로만 이해한다면, 향토나 장소에 대한 우리의 감각(장소감)과 사랑(장소애) 역시 그런 내용에 머물 공산이 크다. 반대로 향토와 장소에 대한 우리의 앎이 우리가 살아가는 현장의 지극히 세부에까지 가닿을 때, 그 모든 것을 문화권적인 창조·참여·향유의 대상, 즉 '우리의 것'으로서 지켜내는 길이 열릴 것이다. 이 세부에는 볕과 공기, 산과 물과 들, 나무와 풀, 바위와 돌과 흙으로부터 길과 경작지, 마을과 도시, 그 안의 각종 건조물과 생산 및 생활의 도구들, 거기서 사는 사람들의 각종 사고와 상상, 그리고 그 밖의 모든 것이 포함된다. 이 세부야말로 장소에 대한 우리의 감각과 사랑이 생겨나는 바탕이 되어야 한다. 그때 우리의 향토와 장소들 역시 새로운 21세기적 차원을 향해 열릴 것이다.

농촌의 다원적 정체성과 바람직한 농촌다움

진명숙
여성주의
문화인류학자

농촌의 본질적 정체성은 존재하는가

정체성과 다양성은 자주 충돌한다. 단일민족주의가 강한 나라에서 해외 이주자들이 뿌리내리기 어렵고, 이성애 정체성 사회에서 성소수자들은 자기 존재를 드러내기 힘들다. 수많은 종교전쟁은 역사 이래 가장 많은 피를 불러온 사건으로 기록될 것이다. 아마르티아 센은 종교나 민족 등 단일한 정체성을 강조하는 것이 얼마나 많은 폭력을 낳았는지를 역설한 바 있다.[1] 그러나 센은 이야기한다. 정체성이란 애초부터 다원적일 수밖에 없다고. 인간은 계층·직업·젠더·지역·나이·취미 등 단일하지 않은 다양한 정체성을 지닌 채, 매 순간 우선순위에 따라 어느 하나를 선택하며 살아가기 마련이다. 인간은 '다원적 정체성의 동시성'으로부터 자유로울 수 없다. 농촌의 정체성도 이러한 맥락에서 이해될 수 있다.

농촌의 정체성은 '농촌성'과 '농촌다움'을 포괄하는 개념이다. 농촌성은 농촌의 지배적 성격 즉 특성에 방점을 찍는다. 그에 비해 농촌다

---

1 아마르티아 센, 『정체성과 폭력』, 이상환·김지현 옮김, 바이북스, 2009.

움은 농촌에 대한 태도와 인식, 그리고 지향하는 가치를 담고 있다. 흔히 농촌 정체성은 물리적이거나 객관적인 지표에 따라 규정되곤 한다. 그런 지표로는 농업 인구의 다수성, 토지 이용의 형태, 도시와 다른 취락 구조 등이 손꼽힌다. 하지만 이런 지표가 농촌성을 모두 아우를 수는 없다. 이 같은 지표들에 들어맞지 않는 구체적인 현상을 우리는 자주 목격한다.

농촌 지자체로 분류되는 전라북도 진안군의 경우, 2018년 기준으로 총 인구수 2,6312명 중 농업 인구는 7676명(29.2%)에 불과하다. 그러면 진안군은 농촌이 아니란 말인가? 임야와 전답 중심의 토지로 구성되어 있는 환경을 농촌이라 할 때, 아파트와 3차 서비스 산업으로 이루어져 있는 농촌 지자체 내 소읍은 농촌 속의 도시인가? 농촌 전원주택에 거주하고 도시로 출퇴근하면서, 거주 마을 주민과는 거의 교류하지 않는 A씨는 농촌 사람인가, 도시 사람인가? 이와는 반대로 도시 아파트에 살면서 출퇴근 형태로 농사를 짓고 농촌 마을 주민과도 자주 교류하는 B씨는 도시 사람인가, 농촌 사람인가? 물리적인 농촌 취락이 구성된다고 해서 곧바로 '농촌 문화', '농촌다움', '농촌 사람'이 형성되지는 않는다.

이 수많은 물음에 우리는 고개를 갸웃거릴 수밖에 없다. 그 이유는 객관적이고 본질적인 농촌의 정체성을 정의하기가 쉽지 않기 때문이다. 농촌의 정체성은 그 시대의 정치경제적·사회문화적 요인에 의해 끊임없이 구성되고 변화하는 것으로 이해해야 한다. 농촌성/농촌다움이 구성되는 이면에서는 다양한 힘, 담론, 이미지와 상징이 각축한다. 따라서 농촌의 정체성을 둘러싸고 담론적 경합과 투쟁이 일어날 수 있다. 이성애 규범의 가부장제 이데올로기 안에서 '여자female=여성woman=여성성/여성다움feminity'이 작동하듯, '농촌rural region=농촌성/

농촌다움rurality' 역시 다양한 제도적·정치적 담론 안에서 영향을 받으며 구성되고 있다.

농촌, 다문화에서 문화다양성으로

정체성을 이미 있는 불변하는 본질이 아닌 구성되는 것으로, 단일한 정체성이 아닌 다원적 정체성이 동시에 공존하는 것으로 이해할 때, 농촌성/농촌다움도 다양성 안에서 논의될 수 있다. 국립국어원 『표준국어대사전』에서 농촌은 "주민의 대부분이 농업에 종사하는 마을이나 지역"으로 정의되어 있다. 그러나 오늘날 농촌에는 이 정의로 수렴되지 않는 다차원의 역동이 존재한다. 고령농이 다수인 농촌 마을의 특성상 젊은 농가가 기계를 사용해 품삯을 받고 마을 모든 농가의 모내기와 수확을 도맡아하기도 한다. 중소농이 줄어들고 대농이 마을의 모든 농사를 점유하거나, 가족이나 마을 주민이 아닌 외국인 노동자를 고용해서 농사짓는 시스템으로 변한 경우도 많이 보게 된다. 더 이상 농촌을 가족농, 중소농, 다수의 농업인이 살아가는 정주 공간이라고 정의내리기 어렵다.

농촌이 농사짓는 사람만 사는 곳이 아니라는 사실에서 확인할 수 있듯이 농촌은 애초부터 다양성의 공간이었는지도 모른다. 오늘날 문화다양성은 정의, 인권, 민주주의만큼이나 보편 가치를 띤 개념으로 자리매김하고 있다. 아니, '자리매김해야 한다'는 목소리가 나오기 시작했다. 2005년 유네스코 문화다양성 협약이 채택된 후 한국 정부는 2010년 유네스코 협약에 비준했으며, 2020년 「문화다양성의 보호와 증진에 관한 법률」을 제정했다. 그리고 문화다양성 관련 조례를 제정하는 지자체가 증가하고 있다. 우리 사회는 점점 문화다양성 가치를 확산시키는 쪽으로 움직여야 하고 움직이게 될 것이다.

한국이 다문화 사회로 진입했음을 지각하게 된 때는 문화다양성 담론이 형성되기 전이다. 2000년대 이후 이주노동자와 결혼이주여성이 급증하면서, 그들이 한국 사회에서 더 이상 낯선 타자가 아니라 우리 가족이자 이웃이라는 인식의 확산이 절대적으로 필요해졌다. 사실 수치로 보면 이주노동자와 결혼이주여성은 농촌보다 도시에 더 많다. 그럼에도 농촌의 이주여성이 더 도드라져 보이는 까닭은, 도시에 비해 농촌이 상대적으로 인구가 적고 구성원들에게 동일성과 균질성을 강제하는 경향이 강하기 때문이다.

외국인을 한국 사회에 정착·통합시켜야 한다는 사회적 과제 안에서 다문화주의multi-culturalism가 부각됐다. 다문화주의를 통해 이질적인 타민족 문화가 이입되면서 빚어질 수 있는 충돌을 방지하고 외국인을 한국 사회에 통합시키고자 했다. 그러나 다문화주의는 사회통합을 중시한 나머지 이질적인 문화를 주류 문화에 편승·편입시키는 문화동화주의로 치우칠 위험이 높다. 문화다원주의cultural pluralism는 이러한 문화동화주의의 대항 개념으로 등장했다. 문화다원주의는 각각의 문화는 우열이 없으며 모두 동등하게 취급받아야 한다는 입장을 취한다. 이외에도 최근에는 타문화에 대한 상호이해와 통합을 강조하는 간문화주의 또는 상호문화주의inter-culturalism 개념도 사용된다.

한때 한국 사회, 특히 농촌에 영향을 미친 주요 개념 중 하나가 다문화주의였다. 다문화주의는 기본적으로 '우리'와 '타자'라는 이분법에 바탕을 둔다. 이주노동자와 이주여성에게 한국어, 한복, 김치를 강요해서 얼른 '한국인'이 될 것을 종용하는 문화동화주의의 이면에는 자문화중심주의가 자리해 있다. 이주여성이 아무리 한국어를 잘하고, 한국 음식을 잘 만들고, 한국 문화에 익숙해졌다고 하더라도, 이분법의 그늘이 드리워지는 한 이주민의 타자화는 쉬이 사라지지 않는다.

이제는 이주여성과 코시안Kosian 자녀를 드러냄으로써 오히려 차별과 배제를 낳는 다문화주의를 성찰하고, 문화다원주의와 상호문화주의 중심의 문화다양성 관점에서 농촌을 재구성해야 한다. 농촌은 이미 문화다양성의 파고波高와 역동이 강하게 일렁이는 공간으로 변모했다. 같은 부계 성씨의 사람들이 다수 모여 살면서, 공동의 마을신을 모시고, 동계와 공동 부역을 하는 자기완결적 공동체로서의 농촌 마을이 존재한다고 말할 수 있는 사람이 과연 몇이나 될까. 역사학자 이영훈은 조선 후기에도 마을공동체로서의 촌락은 부재했으며, 각종 형태의 연결망과 결사체가 다층이심多層異心으로 걸쳐 있을 뿐이라고 강조한 바 있다.[2]

농촌을 공동체가 작동하는 공간으로 상정하게 된 과정에는 도시화·현대성·자본주의 등이 긴밀하게 연루되어 있다. 농촌은 도시의 대립 개념으로 자주 호명된다. 이와 함께 도시화 과정에서 잃어버린 어떤 가치가 농촌에는 남아 있는 것으로 해석되기도 한다. 예를 들어 농촌은 귀농·귀촌인의 농촌 이주 동기 속에서 '전원', '생태', '감성과 인성 교육의 장'으로 인식되고는 한다. 정부나 지자체의 귀농·귀촌 정책 속에서 농촌은 '낭만적' 공간으로 그려진다. 이러한 농촌성이 '맞다, 틀리다'는 중요하지 않다. 농촌성은 어쩌면 사람들의 인식을 통해 사회적으로 생산되고 구성되는 이미지·상징·기호로 작동하는 담론의 하나일지도 모른다. 오늘날 농촌은 몇몇 지표와 기능으로 뚜렷이 정의내리기 힘든 곳이 되었다.

---

2 이영훈, 「18·19세기 대저리의 신분구성과 자치질서」, 『맛질의 농민들』, 안병직 엮음, 일조각, 2001.

농촌은 이동성과 다양한 경제 활동, 새롭고 전문화된 네트워크 유입, 농촌 체류자의 다양한 구성, 비농촌 사람을 위한 기능 수행 등으로 인해 더 이상 동질성을 지닌 단일한 공간이 아니다. 변화와 역동은 반드시 다양성을 수반할 수밖에 없다. 농촌에 유입되는 이들은 매우 다양해지고 있다. 이주여성, 외국인 노동자뿐만 아니라 여러 부류의 귀농·귀촌인과 외부인이 정주하고 있으며, 크고 작은 각종 정책과 다양한 공동체적 실험과 프로젝트 속에서 낯선 타자들과의 조우와 연대가 끊임없이 일어나고 있다. 농촌은 민족·세대·직업·이념·성별·종교 등이 교차하며 서로의 다름을 확인하고, 상이한 문화들 간에 소통하고 상호작용해야 하는 환경에 놓여 있다. 다원화된 현대의 농촌 사회는 뒤르켐이 얘기한 '유기적 연대'를 수반할 수밖에 없다. 연대는 자신이 타인과 다르다는 차이로부터 발생한다.[3]

농촌다움의 해체적 재구성을 위한 조건들

본질적 정체성으로서의 농촌다움을 지양하자는 이야기가 곧 바람직한 농촌다움을 사유하지 말자는 뜻은 아니다. '바람직함'의 절대성은 없지만, 농촌다움은 현시대의 사회 문제와 조응하면서 농촌이 당면한 어려움을 해결하는 방향으로 구성되어야 한다. 농촌에 팽배한 악습을 성찰하고, 배제와 소외를 야기하는 중심성을 해체하며, 지속가능한 생태와 환경을 구축하는 쪽으로 농촌다움을 사유해야 한다. 이를 위해서는 몇 가지 조건이 필요하다.

---

3 하르트무트 로자 외, 『공동체의 이론들』, 곽노완·한상원 옮김, 라움, 2017, 102쪽.

첫째, 젠더감수성의 확산을 위해 노력해야 한다. 문화다양성 개념에는 문화적 차별을 끝내려는 의지가 담겨 있다. 문화적 차별 가운데 특히 젠더 차별은 우리 사회에 깊게 뿌리내려 있다. 성별 혹은 성적 지향이 다르다는 이유로 차별을 자연스럽고 당연하게 생각하는 인식이 팽배하다. 농촌 여성을 연구하다 보면 젠더 차별 실태에 자주 맞닥뜨린다. 마을회관에서 허리가 굽은 할머니는 밥상을 차려내고, 청년 남성은 밥상을 대접받는 경우도 허다하다고 한다. 물론 한평생 가부장 사회에 몸담고 살아온 노인을 변화시키기란 거의 불가능하다. 그렇다고 이처럼 젠더화된 불평등 노동을 공동체 규범이자 전통적 가치라는 명분으로 유지시켜야 하는가? 농촌 공동체 활성화를 위한 사업을 수행하는 과정에서, 여성의 헌신과 희생은 끊임없이 요구되고 있다. 물론 농촌에 만연한 젠더 차별을 일거에 변화시킬 수도 없거니와 단번에 변화시키려 해서도 안 된다. 하지만 부녀회, 젊은 귀농·귀촌인, 여성 커뮤니티, 마을 학교 등의 그룹을 중심으로 성평등 가치를 이해시키고 새로운 변화를 일궈내려 노력한다면, 우리는 조금씩 바뀐 세상과 마주하게 될 것이다. 다만 귀농·귀촌 여성들의 페미니즘 운동이 자칫 또 다른 소외와 혐오를 생산하고 있는 건 아닌지 성찰해야 한다. 이를테면 내 자식을 우선에 두는 도구적 모성주의나 남성혐오·게이혐오를 낳는 생물학적 여성주의로 치달아서는 안 된다. 농촌에는 자녀 교육을 염두에 두고 이주한 '신맹모농촌지교新盟母農村之校'형 귀촌 여성들이 많다. 귀촌 여성들의 학부모 전략이나 홈스쿨링 전략 속에 어머니 욕망이 투영된 도구적 모성[4]을 발견하게 된다. 러딕이 말한 '모성의 정치학'은 가정이라는 사적 영역을 벗어나, 소외되고 타자화된 이들의 목소리를 드러내는 공적인 대항 담론을 창출하는 것이다. 벨 훅스는 여성주의가 '여성을 위한 페미니즘'이 아니라 '모두를 위한 휴머니즘'이어야 한다고 이야기한 바 있다.[5] 농촌에서의 여성주의 운동이 마을공동체 안에서 또 다른 배제나 혐오를 생산하지 않도록 주의를 기울여야 한다.

둘째, 지속가능한 농업·농촌의 생태와 환경을 담보한 농촌다움이어야 한다. 농촌은 우리가 생존하는 데 필요한 먹거리를 공급해주는 곳이다. 농지와 농민이 사라진다는 것은 농촌의 정체성을 아예 상실하는 것과 같다. 도시화와 근대화는 농촌을 갉아먹으며 성장했다. 농지를 산업단지로 개간했고, 농업 인구를 빨아들였으며, 농촌을 황폐하게 했다. 1970년대 230만 ha였던 농지는 2018년에는 160만 ha로 줄어들었다. 현재 농민이 아닌 사람이 농지를 소유하는 비율이 전체 농지의 60%를 넘는다.[6] 농촌이 도시와 대별되는 가장 큰 정체성은 농지와 농민에 있을 것이다. 물론 농촌에는 농사짓는 사람만 사는 것이 아니다. 다양한 사람들이 공존해야만 지역 사회가 작동할 수 있다. 하지만 현재 농촌이 직면한 문제들은 농업·농촌 기능의 쇠퇴에서 비롯되고 있다. 농업·농촌의 환경과 생태가 지속적으로 유지되기 위해서는 농지와 농민, 그리고 이를 둘러싼 농촌의 사회문화적 기능을 회복해야 한다.

셋째, 농촌다움은 마을공동체가 작동하는 방향으로 설정되어야 한다. 농촌은 숲·들·논·천으로 뒤덮인 물리적 자연환경 공간만이 아니

---

[4] 도구적 모성의 대표적 사례는 '치맛바람'일 것이다. 자녀의 성공을 향한 어머니의 욕망은 곧 도구화된 모성을 가리킨다. 한국 가족주의는 도구적 모성에 기반한 '내 새끼 유일주의'로 많은 사회적 문제를 낳고 있다. 이처럼 모성은 여성에게 억압적이거나 착취적이기 때문에 일부 급진적 페미니스트들은 아예 '자궁'을 걷어내라고까지 이야기한다. 그런데 러딕은 모성이 여성에게 억압적이기만 한 것인가에 물음을 던진다. 그녀는 어머니 역할이 사회변화를 이끌수 있는 정치적 힘을 갖고 있다고 보고, 모성을 긍정적으로 사유하고자 한다. 사라 러딕, 『모성적 사유』, 이혜정 옮김, 철학과현실사, 2002.

[5] 벨 훅스, 『모두를 위한 페미니즘』, 박정애 옮김, 백년글사랑, 2002.

[6] 〈농지감소, 이대로 내버려 둬서는 안 된다〉, 《한국농정신문》, 2019년 4월 14일.

다. 사람들의 삶과 문화, 전통과 역사가 밴 인문학적 공동체 공간이기도 하다. 농촌이 익명의 원자화된 개인들이 살아가는 도시로 전환된다면 어떻게 될까? 그렇다고 동계, 향약, 두레와 같은 상부상조의 전통을 복원해야 한다고 주장할 생각은 추호도 없다. 기계농, 겸업농, 중대농이 확산되고 있는 현실에서 농업 노동의 상호부조만을 고집하는 것은 시대착오일 수 있다. 그러나 농촌에는 행정리나 법정리를 중심으로 하나의 마을공동체를 이루고 살던 오랜 전통이 남아 있으며 이 전통 안에서 다양한 마을 문화가 꽃피었음을 인식해야 한다. 귀농·귀촌인 가운데에는 '자연'만을 전유하고 '마을'과는 거리를 두려는 이들이 많다. 어떤 지역의 집단 전원마을은 기존 토착마을 주민들과 교류하지 않으려 한다. 그들에게는 마을 부역이나 이웃이 굳이 필요하지도 않다. 도시 근교 농촌에는 전원주택에 거주하지만 도시로 출퇴근하며, 마을공동체와 무관하게 살아가는 '신자연인'이 매우 많다. 농촌의 도시화는 이렇게 가속화되고 있다. 하지만 마을공동체가 남아 있지 않은 농촌의 문화다양성은 상상할 수도 없다.

넷째, 농촌은 수많은 사람이 들고 나는 열린 공간임을 인식해야 한다. 농촌 마을은 이제 더 이상 폐쇄적인 공간이 아니다. 주민들의 사회적 관계도 이미 마을을 벗어나 밖으로까지 넓게 형성되어 있다. 지금 농촌에는 혈연·지연이나 마을과 행정 단위 안에서 이미 주어진 기존 공동체와는 달리, 자발적 선택을 통해 형성된 다종다양한 임의적 커뮤니티가 적지 않다. 새로운 삶의 가치를 찾아 농촌으로 이주하려는 도시민은 계속 생겨날 것이다. 물론 이질적이고 낯선 사람들의 드나듦이 토착 주민이나 마을공동체에 생채기를 낼 수도 있다. 그러나 토착 주민과 귀농·귀촌인, 노인 세대와 젊은 세대, 남성과 여성, 한국인과 외국인이 서로의 다름을 인정하고, 오히려 그 다름이 농촌의 창조적 발전을 추동하는 동력이 될 수 있음을 상상해보자. 차이 때문에 발생하는 갈등을 해결할 대안을 찾고, 서로 소통할 수 있는 문화다양성 실천의 구조를 만들어보자. 문화인류학자 김현경은, 사람은 누구나 사회(공동체) 안에서 자리(장소)를 갖는 존재이므로, 사회 안에 타자의 자리를 조건 없이 내어주고 절대적으로 환대하는 것이 이 사회를 지탱하는 힘이라고 이야기한 바 있다.[7] 타자를 배제하지 않고, 다양성의 가치를 발현하는 절대적 환대의 농촌 사회를 꿈꾸어본다.

---

[7] 김현경, 『사람, 장소, 환대』, 문학과 지성사, 2015.

농촌을 위한 과학, 농촌에 의한 과학

유상균
물리학자

> 복잡성이 나타나는 것은 유기체가 주어진 환경에 적응하는 데서 오는 것이 아니라, 모든 시스템의 수준에서 유기체와 환경이 공동 진화하는 데서 오는 것이다.[1]

지난 해 초부터 번지기 시작한 코로나 바이러스는 전 세계를 멈춰 세웠다. 1년 만에 확진자는 1억 명을 넘어섰고 사망자 수도 200만 명을 넘었다. 인류는 바이러스와 끝없는 전쟁을 치를 것이며, 그 전쟁에서 인류가 최종 승자가 된다고 장담할 수 없다는 예측은 오래 전부터 있어왔다. 특히 최고의 과학과 기술을 보유한 미국에서 발생한 확진자 수가 전 세계의 25%를 차지하고 있다. 게다가 100년 전 슈펭글러가 예견했던 '서구의 몰락'[2]이 이제 현실화된 것이 아닌가 할 정도로, 서유럽 근대문명 국가들인 영국·프랑스·독일·이탈리아 등도 수백만 명이 감염되어 일상이 큰 타격을 입었다. 이는 더 이상 첨단과학과 기술이 인류의 건강한 삶을 보장해주지 못한다는 사실을 여실히 보여준다.

1　프리초프 카프라, 『새로운 과학과 문명의 전환』, 이성범·구윤서 옮김, 범양사, 1985, 274쪽.
2　오스발트 슈펭글러, 『서구의 몰락』, 양해림 옮김, 책세상, 2019.

인류에게 닥친 위기는 바이러스에서 그치지 않는다. 코로나 바이러스는 그 신호탄일 뿐이다. 거리두기나 마스크 착용의 불편함과는 비교할 수 없을 정도로 우리 삶을 짓밟아버릴 뿐 아니라 다시 원래대로 회복할 수 없는, 따라서 인류를 비롯한 수많은 생물들이 멸종의 길을 걸을 수밖에 없는 대재앙이 밀려오고 있다. 바로 지구온난화에 의한 기후변화다. 지구는 이미 여러 차례 지구의 내부 요인이나 외부 운석 충돌과 같은 원인에 의해 대량 멸종을 겪었다. 그런데 이제 지구는 처음으로 지구 생물 중 단 하나의 종이 원인이 되어 대량 멸종의 위기를 맞게 되었다.

우리의 암울한 미래는 자연 생태계의 위기에서 그치지 않는다. 나노 기술과 로봇 공학을 내세운 4차 산업혁명의 배경에는 인공지능이 인간의 지능을 앞서며 영화 〈매트릭스〉와 같은 상황을 만들어낼 가능성도 예측되고 있다. 유일하게 문명을 세우고 정신세계로까지 영역을 넓힌 인간 주체성의 위기이자, 인공지능과 로봇에 일자리를 빼앗긴 상황에서 발생하는 사회생태학의 위기이기도 하다. 철학자이자 정신의학자 펠릭스 가타리가 20세기 말 『세 가지 생태학』[3]에서 강조했던 상황이 도래한 것이다.

인간과 자연의 공진화

이처럼 큰 위기를 맞게 된 원인은 무엇일까? 대략 1만 년 전 빙하기가 끝난 시기에 인간은 본격적으로 농사를 짓기 시작함으로써 자연과 새

---

[3] 펠릭스 가타리, 『세 가지 생태학』, 윤수종 옮김, 동문선 현대신서, 2003.

로운 관계를 맺었다. 주어진 환경 속에서 수렵과 채집을 중심으로 이어오던 생활이 땅을 개간함으로써 자연을 변형시키기 시작한 것이다. 그러나 그 정도가 지구의 조건을 변형시킬 수준은 아니었다. 17세기에 근대과학혁명을 통해 자연에 대한 인간의 이해는 크게 도약했지만 기술의 영역에까지 적용되지는 않았다. 따라서 19세기까지만 해도 지구는 안정성을 유지하고 있었다. 그런데 19세기 말에 이르러 전자기법칙의 발견으로 촉발된 전기혁명은 20세기 과학과 기술의 본격적인 결합을 이끌었다. 이후 인간은 대기 중 이산화탄소 농도와 평균 기온을 급속히 끌어올렸다. 끝없는 소비를 필요로 하는 자본주의 문화의 상징인 거대 도시들이 유지되기 위해 엄청난 지구의 에너지를 빨아들였고, 그 과정에서 넓은 숲과 토지가 황폐해졌다. 그야말로 지구는 큰 타격을 입은 것이다.

지구와 생물들이 함께해온 40억 년 가까운 시간 동안 생물들은 주어진 환경에 적응하며 살아온 수동적 존재들이 아니었다. 그들은 변화된 환경에 적응했을 뿐 아니라 스스로 환경을 변화시켰다. 생물과 자연은 '동적으로 공진화dynamically coevolve'해왔다. 다시 말해 환경 자체도 적응과 진화를 할 수 있는 유기적 시스템이다. 산소가 없던 원시 지구의 대기는 광합성을 하는 박테리아의 출현으로 산소가 풍부한 대기로 변화했으며, 산소를 활용하면서 몸집이 크고 복잡한 고등생물들이 진화할 수 있었다. 생태계의 참모습은 여러 종과 자연환경 간의 공진화 과정이다. 생태계의 조건은 고정되어 있지 않고 언제나 변화한다. 따라서 생물과 자연의 물질대사 조건에 따라 동적인 안정[4]이 유지될 수도

---

[4] 동적인 안정은 정지한 상태의 안정과는 다르다. 열린 시스템에서 외부로부터 유입되고 배출되는 물질의 흐름이 계속되는 가운데 전체 구조와 형태가 그대로 유지되는 상태를 뜻한다. 동적인 안정은 생태계나 생물이 스스로를 안정적으로 유지하는 데 중요한 조건이다.

있고 큰 파국에 이를 수도 있다. 현재 지구의 상황은 후자에 해당한다고 진단할 수 있다. 인간의 활동으로 인해 물질대사에 균열이 발생했기 때문이다.

이미 19세에 칼 마르크스는 『자본론』에서, 인간의 노동과정을 "인간과 자연 사이에서 이루어지는 과정, 즉 인간 자신과 자연 사이의 물질대사를 자기 자신의 행위에 의해 매개하고 규제하며 통제하는 과정"[5]인데, 자본주의 생산관계 및 도시와 농촌의 적대적 분업의 결과로 "물질대사의 상호의존적 과정에 회복할 수 없는 균열이 발생했다"[6]고 썼다. 마르크스는 인간과 자연 간의 동적 공진화 관계를 정확히 파악했고 그 선순환의 조건을 물질대사로써 설명했다.[7] 그러나 당시 이를 뒷받침할 과학적 언어가 없었던 탓에 마르크스의 생태적 통찰력은 오늘날에도 그리 주목받지 못하고 있다.

복잡계적으로 생각하기

20세기 이전까지 과학은 뉴턴 패러다임이 지배했다. 뉴턴 물리학에 따르면, 힘에 의해 발생하는 물체의 운동은 언제나 이미 결정되어 있다. 현재의 위치와 속도가 정확히 정해진다면 미적분을 이용한 강력한 방정식의 풀이를 통해 언제든 그 물체의 운동 상태를 정확히 예측할 수 있다. 설령 현재의 값을 읽는 데 미세한 오차가 있더라도 그것은 이후

---

5 칼 마르크스, 『지본론』 1권, 김수행 옮김, 비봉출판사, 2015, 237쪽.
6 칼 마르크스, 『자본론』 3권, 김수행 옮김, 비봉출판사, 2015, 1030쪽.
7 존 벨라미 포스터, 『마르크스의 생태학』, 김민정·황정규 옮김, 인간사랑, 2016, 306쪽.

에 큰 차이를 만들어내지 않는다. 뉴턴 물리학은 태양을 주위로 끊임없는 회전을 반복하는 행성의 운동이나 발사된 포탄의 궤적을 정확히 알아낼 수 있었으며, 전기와 자기 현상에까지 범위를 확장해서 전기혁명을 이끌었다. 또한 기체처럼 많은 입자로 구성된 대상에 통계적 방식을 적용해서 단순한 운동이 아닌 온도나 압력의 변화 등을 이해할 수 있게 되면서, 변화는 언제나 무질서를 향한다는 열역학 제2법칙도 도출했다.

20세기에 들어오며 뉴턴 패러다임은 한계를 드러냈다. 빛의 속도에 가까운 속력과 태양 이상의 질량을 가진 천체 주변의 거시적 세계에서는 뉴턴 물리학을 수정해야 했다. 또한 미시적인 원자 세계의 운동은 뉴턴 물리학으로는 전혀 접근할 수 없었기 때문에 새로운 세계관을 담은 물리법칙이 필요해졌다. 이것이 양자역학이다. 양자역학은 원자에 대한 정확한 기술을 토대로 20세기 기술 문명을 지배했다. 레이저, 컴퓨터, 유전자공학 등 첨단 기술을 탄생시켰을 뿐 아니라 더 이상 쪼갤 수 없는 우주의 기본 물질까지 탐구할 수 있게 했다.

그러나 이 같은 현대 과학조차도 주어진 환경 안에서 운동하는 물체를 설명할 수 있을 뿐 대상과 환경과의 동적인 공진화 과정을 기술할 수는 없다. 게다가 현대 과학은 전체를 몇 개의 부분적 요소들로 환원함으로써 각 요소에 대한 이해를 종합하면 곧바로 전체를 이해할 수 있다는 가정을 전제로 한다.[8] 그런데 우리를 둘러싼 자연 생태계나 경

---

8 이와 같은 관점을 '환원주의'라 하며, 이에 바탕을 둔 과학을 '환원과학'이라고 부른다. 환원주의는 개별 나무들을 잘 이해하면 숲 전체를 알 수 있다는 관점을 견지한다. 뉴턴 물리학이나 양자역학과 같은 주류 과학 역시 우주를 소립자와 같은 기본 단위들의 집합으로 파악하고, 기본 단위를 이해하면 우주 전체를 정확히 알 수 있다고 본다. 이 사고는 우주를 기본 부품들의 결합으로 작동하는 거대한 기계로 간주하는 '기계론'과 직접적으로 연관된다. 나아가 물질 자체에 대해서뿐만 아니라 과학적 법칙에서도 '우주의 모든 현상은 궁극적으로 단 하나의 법칙으로 환원할 수 있다'는 믿음이 환원과학을 지배하고 있다.

제 및 사회 시스템은 언제나 고정된 환경 조건을 제공하지 않으며, 그 전체를 간단한 몇 개의 부분들로 환원할 수도 없다. 즉 우리는 현대 과학과 최첨단 기술을 동원해 원자보다 훨씬 작은 기본 세계를 이해할 수는 있다. 그렇다 하더라도, 그것을 토대로 끊임없이 공진화하는 인간과 자연의 관계를 이해하는 데로 확장시킬 수는 없다.

이제 커다란 위기 앞에 놓여있는 인류와 지구 생태계에 대한 적절한 이해와 앞으로의 예측을 위한 새로운 과학적 패러다임이 필요하다. 지금까지의 환원주의 과학이 아닌 전혀 새로운 관점의 과학을 말한다. 다행히 약 50여 년 전부터 기존의 환원주의 과학의 한계를 넘어 복잡한 요소들이 서로 공진화하며 변해가는 시스템을 대상으로 하는 '복잡계 과학complex science'이 출현해서 점점 중요성을 더해가고 있다. 현재 미국의 '산타페Santa Fe 연구소'가 연구를 선도하고 있다. 이 연구소는 머리 겔만(1969년 노벨 물리학상, 1929~2019), 필립 앤더슨(1977년 노벨 물리학상, 1923~2020), 데이비드 파인즈(1924~2018), 케네스 애로(1972년 노벨 경제학상, 1921~2017) 등이 참여함으로써 세계적인 연구소로 발돋움했다.

복잡계 과학에서 핵심은 구성 요소들 간의 비선형적 상호관계[9]이다. 이것은 결정론적이고 예측 가능한 단선적인 변화가 아니라 매우 복잡한 변화를 만들어낸다. 복잡계는 또한 환경과의 관계에서도 역시 비선형적이므로, 앞에서 말한 동적 공진화 시스템이 곧 복잡계라 할 수 있다. 이 영역에서는 환원과학에서 나타나지 않았던 매우 다양한 변화들

---

9 자극과 반응으로 이루어지는 상호관계에서 반응이 자극에 단순비례하지 않는 경우를 말한다. 수학에서 단순비례는 직선(선형) 그래프로 나타나지만 제곱이나 세제곱의 경우는 곡선(비선형) 그래프로 표현된다는 사실에서 유래한 개념이다. 이처럼 비선형적 상호관계로 주어지는 복잡계는 전체를 단순한 몇 개의 기본 요소들로 환원할 수 없으며 따라서 복잡계를 이해하기 위해서는 기존의 환원과학과는 근본적으로 다른 관점이 요구된다.

이 '창발'한다. 오랜 시간 생물종과 지구환경 간의 공진화 과정에서 여러 차례 발생한 대멸종과 종 다양성 증가는, 복잡계가 보여주는 파국과 새로운 질서 생성의 양면이다. 결국 기후위기에 의한 멸종위기는 한 생물종인 인간과 지구의 공진화 과정에서 인간이 회복 불가능한 물질대사의 균열을 초래함으로써 임계점에 다다른 복잡계에서 자연스럽게 발생하는 파국이라 할 수 있다.

이런 복잡계적 사고는 개별적 유기체에 국한되지 않는다. 물리학자이며 사상가인 프리초프 카프라는 개미집·벌집·인간가족 같은 사회제도와 다양한 유기체와 무생물질로 이루어져 있는 생태계에도 동일한 복잡계적 사고가 필요하다고 보았다. 즉 유기체와 자연환경을 넘어 인간의 네트워크로 이루어진 정치·경제·사회·문화적 제도 역시 중요한 요소가 된다. 결국 인간-사회-자연의 선순환적 물질대사가 이루어질 때 역동적인 세계는 안정성을 유지할 수 있게 된다.

과학과 농촌 전통 지혜의 통합

산업 문명이 도래하기 전 인간은 대체로 농촌에서 살았고 대다수가 농민이었다. 이때 지구는 안정된 기후 조건 속에서 유지되었고 선순환적 물질대사가 이루어지고 있었다. 따라서 농촌은 거대한 파국으로의 흐름을 돌이킬 수 있는 중요한 공간이다. 농촌은 지구 생태계의 구성요소이며 동시에 마을과 전통문화, 많은 유기체, 토양과 산림 등 다양한 복잡계의 관계망으로 어우러진 더 큰 복잡계이기도 하다. 이는 다양한 세포가 기관을 이루고, 이들이 모여 개인의 몸을 이루며, 다시 개인들이 모여 사회를 이룰 때 세포·기관·개인·사회는 모두 층위가 다른 복잡계인 것과 같다. 그런데 산업혁명 이후 인간은 이 복잡계들을 기술할 때 유기적 관계를 무시한 채 과학과 기술의 환원주의적이고 기계적인 관점으로 접근했다. 그 결과 토양은 황폐해졌으며 마을공동체가 붕괴되었고 농업은 초국적 거대 자본에 지배당하는 산업으로 전락했다.

생태운동가인 프랜시스 무어 라페는 "관계를 중심으로 하는 통합적 과학인 생태학과 농민들의 경험에 뿌리를 둔 오랜 세월에 걸쳐 유효성이 증명된 전통적 지혜의 통합"을 강조하며 이를 '농생태학'이라 부른다. 그리고 여기에 농민들의 사회적·정치적 운동도 포함시키며 "그 운동들이 지역의 고유한 문화 속에 뿌리내리고 성장하고 있다"고 희망적인 변화를 소개하고 있다.[10] 이 운동들이 확산되어 농촌의 생활 문화로 자리 잡는다면 기후위기의 극복과 함께 거대 자본에 대한 종속을 벗어나는 계기가 될 것으로 보고 있다.

더불어 라페의 농생태학은 과학 패러다임 전환기에 매우 중요한 문제를 제시한다. 바로 '과학과 전통 지혜의 통합'이다. 사실 과학사에서 위대한 법칙의 발견은 과학 엘리트들만의 힘으로 이루어지지 않았다. 과학기술의 발전을 이끈 보통 사람들의 역사를 담은 『과학의 민중사』를 쓴 과학사가 클리퍼드 코너는 서문에서 "더 멀리 볼 수 있는 뉴턴의 능력은 자신의 주장처럼 그가 거인들의 어깨 위에 앉아 있었던 덕분이 아니라, 밝혀지지 않은 수천 명의 장인들의 등 위에 서 있었던 덕분으로 돌려야 할 것"이라 했다. 실제 뉴턴의 법칙은 케플러, 갈릴레이, 데카르트 같은 천재의 등장 이전에 실용적인 연구 방식과 실용 수학을 보편화시켰던 16세기 무명의 기술인과 상인의 성과 없이는 불가능했다. 또 코너에 따르면, 식량 생산의 근간이 되는 과학 지식은 오늘날 식물

---

[10] 프랜시스 무어 라페, 「작은 행성을 위한 농사」, 『녹색평론』 159호, 2018, 32쪽.

유전학자들보다 콜럼버스 도착 이전의 아메리카 원주민들에게 훨씬 더 많이 빚지고 있으며, 에드워드 제너에게 돌아가는 백신 접종 발견의 공로는 그 대신 벤저민 제스티라는 농부에게 돌아가야 한다. 또 19세기까지 의료과학의 진보는 대학의 의학자들보다 반(半)문맹이었던 이발사-외과의사, 약제사와 같은 '비정규' 치료사에게 힘입은 바 크다.[11]

현재 농촌에는 체계화되어 있지는 않지만 경험적으로 검증된 수많은 지혜나 생태적 방식들이 축적되어 있다. 그것은 농촌에서 태어나 어려운 시대에 교육을 받지는 못했지만 평생 땅을 지키며 살아온 노인들의 삶 안에 있고, 도시의 삶을 버리고 땅으로 돌아와 건강한 먹거리를 생산하고자 노력하는 농부들의 시간 속에 있다. 분명 이 지혜들은 환원론적·기계론적 관점이 아닌 관계적이고 복잡계적인 관점을 바탕으로 했을 것임이 분명하다. 또한 마을마다 환경적 특성이 조금씩 다르기 때문에 마을별로 축적된 지혜들을 모은다면 매우 다양한 사례들을 구체화할 수 있을 것이다. 그리고 이 사례들을 체계화하고 기술화한다면 이것이 곧 '적정기술'이라 할 수 있다.

구슬과도 같은 지혜들을 꿰어 과학법칙으로 완성하는 것은 물론 과학자들의 몫이다. 그러나 꿰어야 할 구슬 역시 법칙이라는 추상화 과정[12]을 거치지 않았을 뿐 이미 과학이다. 기존의 환원과학은 이제 거대 자본에 의해 조정되는 소수 엘리트 전문가들만의 과학일 뿐이며, 민중들의 소중한 실천적 지혜들을 담을 여지는 없다. 결국 농촌이 마주한 위기를 극복하는 데 근본적 해결책을 제시할 수 있을 것 같지는 않다. 이광석의 말대로, "우린 과연 이대로의 과학기술을 자본주의 성장

---

[11] 클리퍼드 코너, 『과학의 민중사』, 김명진·안성우·최형섭 옮김, 사이언스북스, 2014.

[12] 추상화란 여러 현상들의 공통적인 성격만을 취해서 일반적인 법칙을 이끌어내는 과정이다. 특히 환원주의 과학에서 이 과정은 매우 중요하다.

과 발전을 위해 계속해 미친 듯 끌고 가야 하는가에 대한 물음을 다시 처음부터 던질 필요가 있다. 이제까지와는 전혀 다른 공생의 삶을 도모하기 위해서라도, 인간 과학기술의 위상을 다시 뜯어보고 근본적인 궤도 수정을 도모해야 한다."[13] 생태학과 같은 동적 공진화 시스템을 기술하는 복잡계 과학이 농촌 마을 속에 축적되어 있는 지혜들을 만날 때 그 궤도 수정은 가능할 것이다. 더불어 이 지혜들을 스토리텔링이나 예술로 풀어낼 수 있는 사람들이 함께한다면 꺼져가는 농촌 문화를 되살릴 수 있을 것이다.

[13] 이광석, 〈[이광석의 디지털 이후](10)첨단기술이 야기한 생태위기를 신기술로 덮자는 건 인간의 '오만'〉, 《경향신문》, 2019년 10월 3일.

모두를 위한 농사,
탄소를 줄일
적정기술 함께 찾기

정영환
농민

무엇이 문제인가

2020년 7월에 우리나라는 그린뉴딜을 지지하고, 같은 해 12월에는 '2050 탄소중립' 목표를 선언했다. 세계적으로 기후변화의 핵심을 온실가스로 보고 있으며 탄소제로정책이 진행되고 있다. 유럽과 미국·중국 등 세계 120여 개 나라가 탄소중립을 선언했고, 저탄소 농업으로의 전환은 세계 공통의 고민과 목표가 됐다. 이 선언과 동시에 우리나라의 농업정책도 크게 영향을 받을 것이다. 이 흐름에 맞추지 못하면 많은 제약을 받게 될 것이다. 저탄소 인증이 만들어진 이유도 같은 맥락이다. 이런 세계적인 추세에도 불구하고 툭하면 농업만 건드린다며 억지를 부리는 분도, 아직 30년이나 남았는데 호들갑이라고 하는 낙관주의자도 종종 보인다. 그렇다면 기후위기가 남의 일이며 먼 미래의 일일까? 당연히 아니다.

작년은 유난히 장마가 길었다. 54일 동안 비가 내리고 해가 뜨지 않았다. 충남 지역에는 기록적인 폭우가 내리기도 했다. 내가 농사짓고 있는 홍성군 장곡면은 저수지 상류 지역이라 하우스가 물에 잠긴다는 생각을 못 했는데, '어' 하는 순간 발목까지 물이 차올랐다. 태풍도 아닌

강풍에 하우스 한 동이 날아가기도 했다. 그날이 셋째아이 돌이라 농장에 떡을 들고 갔는데, 날아간 하우스를 보고 입이 떡 벌어졌던 일은 평생 잊히지 않을 듯싶다.

그런가 하면, 그해 초의 겨울은 유난히 춥지 않았다. 2월 달에는 아무리 시설하우스라고 해도 추워서 상추가 안 자라는 것이 정상인데, 계속 수확하느라 쉬지를 못했다. 마냥 좋아할 일은 아니었다. 한겨울임에도 모기와 파리가 날아다녔고, 얼음 위에서 분홍빛 우렁이 알을 봤다. 인근 숙소에는 벌레가 너무 많아 걱정이라는 소리까지 들렸다. 벌레들이 월동을 했다. 개체수라도 줄어야 하는데 그대로 한해를 넘긴 것이다. 봄에는 우렁이를 방사하지 않았는데, 우렁이가 물길을 찾아 논으로 올라오는 기이한 모습도 발견했다.

아무리 자연이 변화무쌍한들 여름엔 덥고 겨울에는 추우니 그것에 맞게 농사를 준비해왔다. 그런데 요즘은 도통 모르겠다. 작년만 날씨가 이상한 것이 아니다. 2018년은 기록적인 폭염과 긴 여름으로 9월 말까지 생산을 못했다. 이상기후 현상은 먼 미래가 아니고 현재 진행 중인, 당장 농업 생산에 영향을 미치는 현실 문제이다. 적어도 나는 농사를 지으며 이 변화를 느꼈고, 그래서 두렵다.

가만히 들여다보면 농사가 환경을 살리는 것인지 환경을 해치는 것인지 헷갈린다. 그만큼 농사는 화석연료에 의존하고 탄소를 배출한다. 화학비료와 질소비료는 탄소배출의 주요인이다. 밭에 로터리를 치거나 벼를 수확하는 기계는 모두 탄소를 배출한다. 농촌에서 부를 상징하는 소와 돼지도 탄소 발생에 많은 영향을 준다. 우리 농장은 가축도 키우지 않고 유기농으로 농사짓지만, 기계를 쓰니 '탄소발생죄'에서 자유로울 수는 없다. 아예 기계를 쓰지 않기는 불가능하다. 한겨울 무난방으로 버티기에는 한계가 있다. 할 수 있는 한에서 최소한의 탄소만 배출하도록 노력하고, 좋은 기술이 만들어졌을 때 그 기술을 활용하는 것이 죄를 덜 짓고 농사짓는 길이다. 이 좋은 기술이 '적정기술'이다. 적정기술이란 지속가능한 친환경적 기술, 그리고 누구나 활용할 수 있는 '열린 기술'이다.

적정기술을 둘러싼 오해와 진실

그동안 나에게는 '적정기술'이란 단어는 멀고 생소하게 느껴졌다. 몇 해 전부터 농업기술센터에서는 '적정기술을 이용한 ○○시범사업', 또는 '활용사업'이라는 보조사업을 실행했다. 그 내용을 살펴보면 신기술이나 새로운 기계를 도입하거나 (비싸지만) 친환경적인 자재 활용 지원 등이 주를 이룬다. 올해는 '적정기술을 이용한 관수시설 시범사업'이라는 보조사업 신청을 받는다는 연락이 왔다. 센서를 토양에 설치해 습도량에 따라 자동으로 물을 주는 시스템을 도입하는 내용이었다. 이 사업에 선정되면 센서는 보조를 해주지만, 나머지 설비에 필요한 것들은 농민이 부담해야 했다. 2년 전에는 분해되는 종이 멀칭을 신청하라는 연락을 받았다. 종이가 분해되면 친환경적이고, 로터리 작업이 수월하다고 했다. 무엇보다 비닐이 아니니 혹서기에 지열이 비닐보다 낮아질 수 있다고 했다. 문제는 보조사업 없이는 너무 비싸서 설치할 엄두를 못 낸다는 점이다. 여러 농가에서 많이 활용하면 곧 보급될 수 있지 않을까 생각했는데, 어느 순간 종이 멀칭 이야기가 사라졌다. 그리고 뿌리는 액체 멀칭 자재가 나오기 시작했다. 고구마나 감자에서 나오는 전분을 활용해 밭에 멀칭을 하는 방식이다. 풀도 자라지 않고, 경운하는 노동력이 절감되는 등의 친환경농사에 맞는 자재라 생각됐다.

그런데 아이러니하게도 친환경인증에서는 쓸 수 없는 자재였다.

　이 두 예만 봐도 적정기술과 신기술이라는 표현이 혼동되기도 하고, 적정기술은 자본을 투자해야 하는 것으로 오해될 소지도 많다. 그리고 이 기술들이 정말로 사용하는 사람 즉 농민을 위해 만든 것인지, 만든 기업체의 이윤을 위한 것인지 의심이 된다. 적정기술을 검색해보면 농업·건축·생활 어디에든 쓰인다. 단순한 것부터 복잡한 첨단기술에 이르기까지 폭넓게 쓰여서, 이것은 '적정기술이다, 아니다'라고 명확하게 말하기도 애매하다. 홍성욱은 적정기술의 특징을 다음과 같이 쉽게 정리했다.[1]

1) 비용이 적게 든다.
2) 가능하면 현지에서 나는 재료를 사용한다.
3) 일자리를 창출하고 현지의 기술과 노동력을 활용한다.
4) 작은 규모의 농부들에 의해서도 사용가능할 정도로 소규모이다.
5) 농업기술을 지녔지만 과학기술 교육은 받지 못했던 농촌거주자가 이해할 수 있고, 통제·관리할 수 있다.
6) 도구나 제품을 마을 자체적으로 만들지는 못해도 철공소에서 제작 가능하다.
7) 주민들의 협동 작업을 이끌어내며 지역사회의 발전에 공헌한다.
8) 분산된 재생 가능한 에너지 자원을 활용한다.
9) 기술을 사용하는 주민들이 해당 기술을 이해할 수 있다.
10) 변화하는 환경에 맞추어 적응할 수 있는 유연성이 있다.
11) 지적재산권, 로열티, 컨설팅비용, 수입관세 등이 유발되지 않는다.

1　홍성욱, 「적정기술의 의미와 역사」, 『과학기술정책』 제21권 제2호, 2011, 52쪽.

어렵지도 않고 우리 주변에서 흔히 보거나 만들 수 있는 단순한 기술들도 '적정기술'이라 할 수 있다. 꼭 비싸고 새로운 기술로 보조사업을 받아야만 적정기술을 할 수 있는 것이 아니다. 사실 농민이라면 적정기술이 뭔지는 몰라도, 투자 자본을 줄이고 환경을 살리는 농업을 위한 고민을 한번쯤은 해봤을 것이다. 농사 경력 10년이 되어가는 나 역시 이런 고민을 해봤고 지금도 하는 중이다.

농사와 환경에 좋은 땅을 만들 적정기술

협동조합 젊은협업농장은 2012년에 장곡면 도산리에 하우스를 임대했다. 그해까지 이장님이 고추를 심었던 땅이었지만, 너무 딱딱했다. 기껏 로터리를 쳐도 물 주면 다시 굳어져 손가락이 들어가지 않을 정도였다. 당시, 절대 부러지지 않는다는 독일제 물푸레나무로 만든 삽 세 자루가 있었는데, 1주일 만에 모두 부러질 만큼 딱딱했다. 트랙터로 로터리 작업을 해도 기본 서너 번은 해야 했다. 그렇게 해도 다음 작기에는 똑같이 딱딱한 상태가 되니 근본적인 해결방법이 필요했다. 로터리 작업으로 갈리는 땅의 깊이는 약 10㎝ 정도다. 그런 동시에 트랙터 무게가 땅을 누르니 그 밑은 더욱 딱딱해진다. 이때마다 발생하는 매연도 심했다.

그래서 삽으로 두 번 파내고 흙을 깨고 섞어주는 작업 double digging을 시작했다. 큰 기계를 쓰지 않고 인력으로 땅을 만들어가는 작업이다. 2주 동안 수확 작업을 마치면 삽을 들고 계속 땅을 팠다. 그렇게 밭을 만들고 상추 모종을 심고 물을 주니 다시 도루묵이 되었다. 결국 이 방법은 사진으로만 남고, 원론적인 이야기를 하시는 분들과 만날 때마다 이야깃거리가 되었을 뿐이다.

　이후 우리가 택한 방식은 심경관리기를 이용한 부분경작이다. 200평 하우스를 한 덩어리로 보는 것이 아니라 네 구역에서 여덟 구역으로 보고 필요한 부분만 경작하는 방식이다. 따라서 큰 기계는 필요 없고, 밭을 알뜰하게 활용할 수 있다. 심경관리기는 일반관리기와 달리 땅을 파는 동력만 있고 바퀴가 없다. 로터리 작업을 할 때, 사람이 앞으로 조금씩 이동해준다. 이렇게 하면 시간과 사람의 힘이 많이 필요해서 보통 농가에서 선호하지는 않는다. 하지만 이 방식을 쓰면 상추 뿌리내림이 깊어져 생육이 좋아진다. 또한 연료 소비도 트랙터보다 적다. 그런데 이 심경관리기가 국내에서 제작되지 않았다. 그래서 미국의 J사와 B사의 관리기를 사용했으나 1년 만에 망가졌다. 문제는 A/S였다. 부품이 없다는 이유로 이 두 대를 모두 폐기했다. 다행히 2년 전, 심경관리기를 만드는 회사를 찾게 됐고, 대전까지 가서 구입했다. 사장님도 심경관리기를 찾다가 결국 자기가 만들게 됐다고 했다. 많은 농민이 신기술을 의심하고 쓰지 않는 데에는 이런 이유도 있다. 만들어놓고 사라지는 제품에 한두 번 속다보면 했던 대로 하게 된다.

　최근에는 두 작기에 한번 꼴로 경운하기 시작했다. 농업 경험이 늘어나면서 봄과 가을에만 퇴비를 넣고 경운한다. 여름과 겨울은 경운하지 않고 다시 모종을 심는다. 농장의 주품목인 쌈채소가 많은 양분을 필요로 하지 않기 때문이다. 그리고 더운 여름과 추운 겨울에 뿌리가 제 역할을 못할 때, 필요 시 엽면시비로 양분을 줬다. 처음 이 방법을 시도할 때 불안한 감도 있었다. 퇴비 조금 안 줘서 수확량이 줄면 어떻게 하나 걱정했다. 데이터를 만들고 전년도와 올해의 수확량을 비교하면서 퇴비와 경운 횟수가 수확량에 크게 비례하지 않는다는 것을 확인했다. 수확량에 가장 큰 역할을 하는 것은 날씨였다.

농사를 지을 때 매번 밭을 갈아엎을 필요는 없다. 토양이 유기물이 많고 공기·수분 공급이 원활한 '떼알구조'라면 굳이 안 해도 된다. 무경운농법을 시도하고 성공한 사례가 종종 있다. 도산리에 Y씨는 3년 동안 토양 상태를 좋게 하기 위해 인근 영농조합에서 농업부산물을 얻고, 겨울에는 낙엽 등을 긁어모아서 논을 밭으로 만들었다. 아직 성공적인 생산을 하지 못했지만, 이 과정으로 전보다 나은 토양을 만들어내고 있다. 언젠가 유튜브에서 밭 위에 종이박스를 펴고 그 위에 부엽토를 올려 경운하지 않고 작물을 재배하는 영상을 봤다. 이 사람은 다음 작기에도 똑같은 방식으로 농사를 지으며 계속 유기물을 얻는 작업을 한다. 이 두 사람 모두 탄소를 발생시키는 기계를 쓰지 않는 방식으로 농사 짓는다. 경운하는 이유는 양질의 양분과 유기물을 땅속에 넣어주기 위해서다. 농사가 잘되려면 큰 기계가 매연을 뿜어내며 땅을 누르기보다, 땅을 말랑말랑하고 폭신한 상태로 만들어야 한다. 큰 기계에 의존하던 기존 농업에서 갑작스럽게 방식을 바꾸기는 어렵게 느껴지겠지만, 점진적으로 토양을 가꾸는 방식으로 변해야 농업을 지속할 수 있다.

시설하우스 난방은 풀리지 않는 숙제

시설재배에서 가장 고민되는 것은 난방 문제이다. 시설은 작물이 생장할 수 있는 최저한의 온도를 유지해야 하는데, 화석연료를 쓰면 단가를 맞추기 어렵고 기름을 쏟아 부어야 한다.

2018년 평창올림픽을 겨냥하며 하우스 한 동에 안개꽃을 심은 적이 있다. 엽채류만 하다가 화훼를 하니 다른 부분이 많았다. 탐스러운 꽃을 피우기 위해 양분도 많이 필요했고, 특히 겨울철 난방은 끔찍했다. 수막을 설치하지 않아 2중 비닐하우스에 등유 열풍기로 난방을 했더니 한 달에 기름 값이 150만 원 가까이 나왔다. 도저히 기름 값을 충당할 수 없어 접었다. 겨울철 화훼농가와 과채농가들의 고충을 느낄 수 있었다.

　현재, 농장 겨울나기는 수막으로만 버티고 있다. 수막 방식이란 땅 깊숙한 곳에서 뽑아 올린 지하수를 하우스 옆면에 뿌려 내부의 온도를 유지시켜주는 방식이다. 화석 난방연료에 비해 탄소발생이 없고 경제적이다. 대신 지하수 고갈을 야기한다. 수막을 대체할 방법을 많이 고민했다. 그 중 하나가 비닐터널이다. 밭에 활대를 설치하고 두세 겹 비닐을 씌워 온도를 잡는 방식이다. 비닐 한 겹이 약 1~1.5도를 잡아주지만 수막만큼 온도를 잡아주지 못한다. 그래서 그 안에 전기 열선을 설치해보았다. 열선 주변은 누렇게 타들어가고 먼 부분은 얼었다. 무엇보다 터널 방식은 아침과 저녁으로 매일 열고 덮기가 일이었고, 습기로 인해 흙물이 잎에 묻어 상품에 컴플레인이 걸렸다.

　몇 년 전에는 하우스에 커튼비닐을 설치했다. 측창 사이로 불어오는 찬바람을 막아주는 방법이다. 수막과 함께 쓰니 온도를 잡아주는데 큰 효과가 있었으나 대신 환기가 되지 않았다. 노균병이 번졌다. 결국 다시 수막만 쓰고, 뒷문은 비닐로 막아 일부 열손실을 줄였다. 다른 농가들도 난방 문제에 고민이 많고 시행착오 속에서 각자의 방법을 찾는다. 내 주변 농장들의 상황으로 볼 때, 수막은 현재의 여건에서는 경제적이고 효율이 좋은 방법이다. O농장은 수막이 없어서 커튼비닐만으로 겨울을 난다. O농장이 재배하는 와일드 루꼴라는 추위에 강해 버틴다고 했다. 이 농장에서는 작년 봄에 감자를 심을 때, 두둑 옆에 길게 물주머니를 설치했다. 물주머니는 한낮에 받은 태양에너지를 저장한다. 그러면 밤에 서서히 식으면서 주변의 냉기를 잡아주고, 여기에 열선을 넣어 식는 속도를 줄여주는 방식을 사용했다. 올해도 그 방식을 쓰냐고 물으니 감자가 아닌 루꼴라는 일일 작물이다 보니 사람이 지나갈 때 불편해서 쓰지 못한다고 한다.

아욱을 생산하는 W농장은 2중 비닐하우스에 한 겹 더 비닐을 씌워 3중 비닐하우스로 겨울을 난다. 습해에 대해 물으니, 어쩔 수 없이 감수하고 농사짓는다고 답했다. 얼마 전 우리 농장에서 독립해서 농장을 만든 L군은 상추를 재배하는데, 수막을 설치할 수 없어 에어캡으로 커튼을 만들었다. 에어캡은 흔히 뽁뽁이라고 부르는 자재로, 공기층을 형성해서 단열효과가 좋은 것으로 알려져 있다. 한때는 에어캡으로 시설하우스를 씌우는 사람도 있을 만큼 단열효과가 좋고, 여름철에는 직사광선을 분산시키는 효과도 있다. 하지만 수막만큼의 효과가 없어 냉해로 피해를 봤다고 한다. 이렇듯 많은 농민이 겨울철 난방 문제를 화석연료를 쓰지 않는 저탄소 방식으로 해결하기 위해 고민한다.

한편, 더 높은 재배 온도를 요구하는 딸기농가는 수막과 난방을 함께해야 한다. 딸기는 8도 이하로 떨어지면 냉해를 입는다. 동네 후배 J군은 고설 딸기를 재배한다. 한 달에 다섯 동 하우스에 들어가는 등유값이 300만 원이 넘는다. 이를 해결하기 위해 J군은 열효율이 좋다는 전기 난방장치를 구입했다. 등유를 사용하는 것보다 춥고, 전기세가 한 달에 400만 원 넘게 나왔다고 한다. 농업용 전기료가 400만 원 나왔다는 것은 어마어마한 전기량이다. 결국 포기하고 다시 등유를 사용할 수밖에 없다고 한다.

주변 농가들의 겨울철 시설 관리를 살펴봐도 뚜렷한 해답이 나오지 않는다. 결론은 현재로선 수막만한 것이 없다고 입 모아 말하지만, 수막 역시 언제 고갈될지 모르는 자원이다. 한번 쓴 지하수를 재활용하는 방법도 있다. 하지만 차가워진 지하수를 다시 쓰려면 저장탱크와 가열할 많은 열에너지가 필요하다. 그렇기에 선뜻 엄두를 못 낸다. 지하수를 재사용하는 농가를 아직은 보지 못했다. 지하수를 재사용할 수 있는 지열이나 태양열을 이용한 적정기술이 필요하다. 이 기술을 개발·보급하는 사업도 필요하다. 이 부분이 해결되지 않는다면, 장기적으로 (지하수 고갈과 지반 침하를 막기 위해) 수막이 아닌 또 다른 겨울철 시설재배 방식을 찾아야 한다.

 땅 만들기와 겨울철 시설 난방은 현재 농업이 처한 딜레마를 가장 잘 드러낸다. 농사를 잘 지어 수확량을 늘리고 지속적으로 농산물을 생산하는 현재의 방식이 토양을 망치고 기후를 바꾸는 주범이다. 우리는 농사를 짓기 더 어려운 환경으로 우리 스스로를 내몰고 있다.

모두를 위한 농사 짓기

유기농업을 할 때는 주변 농가와의 협력이 중요하다. 나 혼자 변해도 주변의 변화와 도움 없이는 유기농업을 제대로 할 수 없다. 옆논에서 농약을 치면 바람에 날아오고, 윗논에서 농약 치면 내 논에서도 농약이 나오기 때문이다. 기후위기도 마찬가지다. 혼자서 감당할 수 있는 문제가 아니라 함께 풀어가야 할 숙제다. 그런 의미에서 개인의 노력도 중요하지만 마을 차원에서의 공동 노력이 필요하다.

 내가 살고 있는 도산리는 농업환경보전프로그램을 한다. 5년간 농업 환경을 보전하기 위해 두 영역, 즉 개인의 토지에서 실천하는 활동과 주민들이 함께하는 공동 활동을 병행하는 사업이다. 올해로 3년째 진행되고 있다. 첫해에는 주민들에게 이해시키는 것도 쉽지 않았다. 어떻게 변화를 만들어낼 수 있을까에 의문이 들었다. 해가 지나면서 주민끼리의 공감대가 형성되고, 적어도 우리 마을에서는 쓰레기 태우지 말자라는 공감대도 이끌어냈다. 이 프로그램의 가장 큰 강점은 마을 주민이 공동 활동을 하면서 각자의 농사 이야기를 한다는 점이다. 그러면서 공감대가 강화되는 모습을 보게 됐다. 언제 고추를 심고, 어떤 일이 생겼는데 무엇을 했다는 구체적인 농사기술·정보가 공유된다. 누군가 어떤 기술을 통해 에너지를 저감하고 좋은 결과를 냈다면 한번씩은 시도하게 된다. 문당리의 오리농업도 이런 경로로 전국으로까지 확대된 경우다. 적정기술은 전통기술과 다르지 않다. 어렵지 않고 주변에 있는 것을 잘 활용하는 기술이다. 그래서 자본, 첨단지식과 첨단기술 없이도 가능하다. 마을 어르신이 고추를 거두고 그 자리에 배추를 심고, 농사가 안 되는 땅에 콩을 심는 것은 그만한 이유가 있다. 경험에서 알아낸 적정기술이다. 농사지으며 쌓인 생각과 경험을 마을에서 공유하고 풀어간다면, 모두에게 필요한 농업에 가까워질 수 있지 않을까?

최근 농업계에서 말하는 신기술이나 적정기술들은 '편리함'에 맞춰져 있다. 하지만 기후위기 시대가 요구하는 것은 편리함보다는 '지속가능성'이다. 그동안 편리함으로 만들어진 기술들의 문제가 드러났고, 개선되어야 한다. 화학비료보다는 퇴비로, 트랙터보다는 작은 기계로, 고탄소 방식에서 저탄소 방식으로 방향이 바뀌는 것은, 이대로 가면 우리 모두 인류생존의 위기에 맞닥뜨릴 거라는 예감 때문이다. 우리는 기술이라는 단어에 얽매인다. 전문적이고 새로운 것이 현재의 위기에 대처할 해결책이 될 거라고 막연히 기대한다. 하지만 오히려 농민과 농촌 사람들의 작은 실천으로 변화를 만들어낼 수 있다. 8만의 농민이 20리터씩만 경유를 안 쓰고 밭을 일구면 16만 리터를 아낄 수 있다. 그만큼 탄소량도 줄일 수 있다. 탄소저감에 필요한 적정기술을 찾는 노력과 지혜를 모은다면, 모두를 위한 농사와 농촌 마을 문화가 가능하지 않을까.

리눅스 운영체제로
가꾼 소리텃밭

권병준
음악가,
매체예술가

우리 스스로 만들어가는 컴퓨터 운영체제

애플Apple사의 제품을 더 이상 사지 않기로 마음먹은 지 10여 년이 되었다. 해외의 애플 매장에서 반품을 요구했을 때 사기꾼 취급을 당한 것이 계기가 되었다. 1991년부터 20년 가까이 사용해온 애플사의 제품을 그때부터 더 이상 구매하지 않기로 하고, 눈을 돌려 다른 컴퓨터와 운영체제에 관심을 기울이기 시작했다. 그러면서 접하게 된 리눅스는 지금까지도 내 컴퓨터의 운영체제이자 작업 환경이다.

영어로 오퍼레이팅 시스템Operating System, 즉 OS라고 줄여 부르는 운영체제는, 컴퓨터의 각종 하드웨어를 관장하며 연산에 필요한 리소스[1]

---

[1] 일반적으로 리소스는 '사용될 수 있는 어떤 항목'을 뜻한다. 정보통신기술IT 분야에서는, 커다란 시스템의 일부를 이루는 하드웨어·소프트웨어 데이터의 구성요소들을 가리킨다. 따라서 프린터나 디스크드라이브 같은 장치와 메모리도 리소스에 포함된다. 특히 마이크로소프트 윈도우즈나 맥OS와 같은 컴퓨터 운영체계에서는, 컴퓨터가 특정 작업을 실행하도록 명령하는 프로그램의 일부나 전부(루틴)와 그 프로그램들이 활용할 수 있는 정보(데이터)를 '리소스' 또는 '시스템 리소스'라고 부른다. 네트워크 리소스는 네트워크 상에서 활용 가능한 서버나 프린터 등을, 소프트웨어 리소스는 프로그램과 유틸리티와 프로그램 내 작은 구성요소 등을 가리킨다. 데이터 리소스는 액세스할 수 있는 파일이나 데이터베이스 등을 가리킨다. 이 각주는 독자의 이해를 위해 온라인 IT용어사전 텀즈를 참고해서 재정리했다. —편집자. https://web.archive.org/web/20181010202835/http://www.terms.co.kr/

들을 운용하고, 그 밖의 다른 응용 프로그램들의 상위에서 서비스를 제공한다. 마이크로소프트의 윈도우즈, 애플의 맥OS, 리눅스 등이 현재 컴퓨터에 쓰이고 있는 주된 운영체제다. 작은 컴퓨터인 스마트폰 역시 안드로이드Android, 혹은 아이오에스iOS와 같은 운영체제를 가지고 있다.

리눅스의 가장 큰 장점은 이 운영체제에 대한 접근성이다. 사용자가 원하면 운영체제를 직접 바꿀 수 있다. 즉, 리눅스를 쓰게 되면 내가 원하는 운영체제를 만들어갈 수 있다. 우리에게 익숙한 '시스템의 노예'라는 표현은 컴퓨터 운영체제와 사용자의 관계에 가장 잘 들어맞는다. 우리는 보통 '운영체제의 노예'로 살아간다. 상용 운영체제가 제공하는 편의성의 이면에는 이윤 추구를 목표로 하는 거대기업의 치밀한 상업 전략이 숨어있다.

한번 익숙해진 시스템에서 벗어나기란 쉽지 않다. 대다수 사람들은 운영체제를 익히고 새로운 컴퓨터 프로그램을 다루는 기술을 익히는

그림 1 | 프로그램의 설계도인 소스 코드를 공개하고 누구에게나 접근 가능한 방식으로 개발된 오픈소스 프로그램들의 로고

데 굳이 시간과 노력을 들이려 하지 않는다. 상용 운영체제는 이 같은 사용자의 무관심과 게으름을 완벽하게 기정사실화해서 수익을 얻어 낸다. 그들의 마케팅 전략은 운영체제의 곳곳에 교묘하게 숨어 있고, 우리는 보이는 또는 보이지 않는 광고에 수없이 노출된다. 그들의 완제품을 쓸 수밖에 없도록 부지불식간에 세뇌되고 중독되어 간다. 그들이 추구하는 최고의 전략은 우리가 그들의 시스템에서 벗어날 필요성을 못 느끼게 하는 것이다. 그냥 거기서 평생을 머무르게 하기, 그래서 평생의 고객으로 남게 하기. 그들은 더 쓸 수 있는 것을 더 이상 못 쓰도록 전략적으로 운영체제를 바꿔버린다. 일반인들에게 필요 없는 수많은 기능을 새 제품에 끼워 넣어 지금 내가 가진 컴퓨터, 내가 쓰는 전화기에서 더 이상 구동되지 않도록 한다. 우리는 그렇게 만들어진 시스템을 '또 사야만 하는' 노예다. '그 시스템을 바꿀 수 있다면, 업그레이드와 업데이트로 포장된 그들의 마케팅 전략에서 벗어날 수 있다면….' 이런 꿈을 가져본 이들에게 리눅스는 좋은 대안이 될 수 있다.

 리눅스는 이제 상용 운영체제와 비교해도 편의성이 떨어지지 않으며, 기존에 사용하던 상용 프로그램들을 대체할 만한 무료 프로그램이 많아졌다. 글을 쓰고 그림을 그리고 음악을 만들고 사진을 편집하고 이메일을 보내고 웹을 서핑하고 온라인뱅킹을 이용하는 대다수의 컴퓨터 작업이 리눅스에서 무료로 가능하다. 자신에게 필요한 운영체제를 고를 수 있기에 컴퓨터 기기의 성능이 떨어져도 충분히 오래 사용할 수 있다. 광고, 악성코드, 각종 바이러스로부터 자유로우며 특정 회사의 하드웨어에 국한되지 않는 범용성을 가진다. 대다수의 컴퓨터에 리눅스 운영체제를 사용할 수 있을 정도로 하드웨어 드라이버 지원의 폭이 넓어졌다.

 물론 관리와 운용 방법을 새로 배워야 하고, 상용 프로그램이 제공하는 각종 서비스가 빠져 있는 경우가 많다. 온라인에서 스스로 검색해서 문제를 해결해야 하는 경우도 많다. 하지만 리눅스를 사용하는 활발한 커뮤니티가 전 세계에 많이 있어서, 이들의 자발적 참여와 협력으로 운영되는 각종 웹사이트를 통해 얼마든지 문제를 해결할 수 있다.

리눅스 운영체제에 일군 텃밭에서 머신러닝으로 소리농사짓기

리눅스 운영체제에서 일군 나의 작은 소리텃밭을 소개하고 싶다. 불편하고 힘든 유기농법을 꿋꿋이 지켜온 농부들은, 내 텃밭에서 제대로 자란 열매의 맛을 알 것이다. 열매의 맛이 번지르르한 겉모습과 꼭 비례하지 않는다는 것을, 상품 생산을 목적으로 하는 농사법의 문제점과 해악을, 농부들은 누구보다 잘 알 것이다. 유기농법에 드는 농부의 수고와 정성이 얼마나 크며, 또 그것이 존중받는 시대가 도래하고 있음도 깨닫고 있을 것이다. 일면 낯설고 멀게 느껴질 나의 소리농사가 이런 농부들의 경험적 인지능력에 기대어 충분히 공감될 수 있을 거라고 여기며, 리눅스 운영체제에 바탕을 둔 그간의 머신러닝 작업과정을 짧게 풀어 써본다. 물론 이 머신러닝 서버에는 상용 프로그램을 전혀 쓰지 않았다.

국악 전통과 머신러닝

머신러닝을 통해 컴퓨터에게 국악기의 음원 녹음파일을 분석하고 학습시켜 새로운 음원을 생성하는 프로젝트를 2020년 7월부터 진행해왔다. 여기에는 한 가지 분명한 목표가 있다. '국악이 본질적으로 가지고 있는 가능성을 발견한다'는 것이다. 일제강점기 동안 단절된 역사와 왜곡된 전통은 우리의 뿌리마저 흔들어 놓았다. 잘못된 열매를 따먹고 자란 세대들이 대를 이어 바친 잘못된 충성은 매우 안타까운 상황을 초래했다. 그들은 가야금으로 〈렛잇비Let it be〉를 연주하면서 '퓨전'이라고 불렀다. 국악을 담을 수 없는 형식인 서양의 오선보를 보면서 국악을 연주했다. 구음전승의 전통은 사라지고 새로운 시도라는 미명 아래 국악의 잔혹사가 계속되었다.

2003년경 가야금 연주자 고지연의 독집 음반 《누운 나무》에 협업자로 참여하면서, 강태홍류 가야금산조의 마지막 직계 제자인 신명숙 선생님을 부산에서 직접 인터뷰할 기회가 있었다. 신명숙 선생님은 '강태홍' 가야금 명인의 전수 방식을 다음과 같이 설명해주셨다.

선생님이 어떻게 가르쳤느냐 하면, 우린 어리니까, 선생님이 이렇게 뒤로 와. 나를 이렇게 안아. 어리니까. (괜찮아) 이렇게 안아서 선생님 손이 현침으로 오고 왼손이 말하자면 이렇게 되지? 이렇게 해서 예를 들어서 진양조 같으면 '싸랭 징 다징 징 징 징…' 이렇게 한 소절을 해주셔. 선생님이 구음을 불러. 그러면서 현재 이대로, 그럼 내가 선생님 손 보고 그대로 '싸랭 징 다징…' 부르는 거지. 그러면 손도 익혀지고 구음도 익혀지는 거야.

하와이에 계시던 이병원 선생님을 우리 학교에서 초대를 했었어. 그땐 내가 부산대학교 강의 나갈 땐데. 그래서 점심을 같이 먹는데 그분이 말씀을 하시더라구. 채보 때문에 산조는 망했다, 그러더라구. 딱 그렇게 얘기하시더라구. 우리 가야금 산조만큼은 옛날 구전 수법이 가장 좋은 교육 방법이라고 말씀하시더라구. 그 양반은 뭔가 아시는 분이라. 그러면서 누구를 들먹이면서 아주 잘못되었다고 이렇게 얘기하시더라고. (중략) 전체적으로 볼 때는 발전이 없다 이거지, 그 양반은 이렇게 말씀하시더라구. 그러니까 우리가 옛날에 배운 거는 바로 참 그 양반이 말하는 그대로 배웠다 이 말이라.

그러면은 한소절 또 해주거든, 똑같은 방법으로. 그러면 그걸로 끝나, 수업은 끝나버려. 뭣이고 없어. 악보도 없고. 그러면 선생님의 소리를 기억하는 거야. 딱 내 뒤에서 내 귓가에 바로 선생님 입이니깐. 그러면은 '싸랭 징 다징 징…' 이렇게 다 기억하는 거예요. 어디 악보고 뭐고 캄캄하니깐은. 거기 매달리는 거라 인제. 그것을 수십 번을 공부를 해요. 그러면은 며칠 지나서 선생님 앞에서 타보라고 그러는 거예요. 그러면 선생님이 북등 딱 엎어놔 놓고, 소리북 있죠? 요런 북등 딱 엎어놔 놓고 가야금이 한 대니까 선생님 앞에 딱 앉으면, 어제 배운 거 해보라고 하며 선생님이 손장단을 쳐줘. 선생님이 구음을 불러주고. 그러면 그 구음 따라 내가 타는 거야. 이렇게 해서 한 가락 한 가락 한 가락 한 가락 그러면 진양조 중에서 우조가 끝나잖아? 그러면 우조 가락 끝나는 동시에 구음도 다 외워버려. 구음 다 외워버리고, 가락 다 외워버리고. 그럼 뭐 '선생님 더 눌러야 됩니까? 이게 밉니까, 팝니까? 솔입니까?' 이런 거 없어. 바로 그냥. 바로 그냥. 그러나 어릴 때 누구나 다 그걸 바로 받아들일 수는 없어. 그 음을 정확하게 낼 수는 없어. 그러나마 자꾸 연습을 하다 보면 선생님 소리가 귓가에 쟁쟁쟁 하니깐 그걸 따라가려고 애를 썼는기라. 그래서 하다하다 보면은 어느 날 선생님 구음에 근접해간다 이 말이라. 근접해가요. 이렇게 해서 음악이 느는 거라.[2]

---

2 2003년경 신명숙과의 인터뷰 중에서.

이 인터뷰를 하면서 나는 머리를 얻어맞은 듯한 충격을 받았다. 가야금도 없이 구음을 귓가에 들려주며 손을 잡고 가상의 연주를 몸으로 전수하는 방식이었다니. 피아노 선생님이셨던 어머니의 영향으로 서양식 교습법에 익숙했던 나로서는 그 기막힌 가야금산조의 전승법이 너무나 새롭고 신비롭게 다가왔다. 스승의 구음을 귓가에서 들으며 익히는 것은 단지 곡의 박자와 선율이 아닌, 악보에는 실릴 수 없는 감정과 흥취가 뒤섞인 울림이었으리라.

머신러닝 1단계

오디오 머신러닝을 통한 연주 학습은, 기존 악보 학습에 비해 (악보에 담을 수 없는) 인간 연주자의 섬세한 주법까지 습득이 가능하다. 그리고 이를 기반으로 새로운 연주 음원을 생성한다. 1단계에서는 50만 번 정도의 트레이닝을 통해 꽤 정교한 장구와 가야금 소리를 생성할 수 있었고, 이 생성된 음원은 학습에 기반한 즉흥연주에 가깝다.

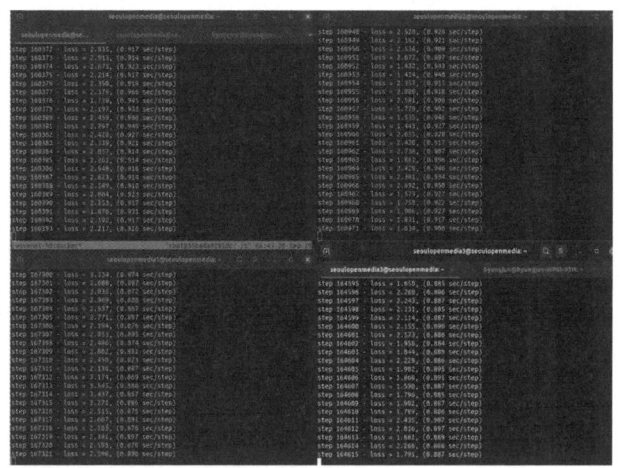

그림 2 | 머신러닝 서버의 트레이닝 과정

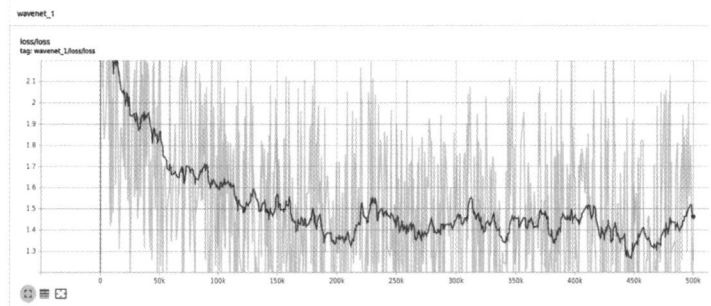

그림 3 | 대금 머신러닝 학습도 그래프. 50만 번에 이르는 학습의 과정에서 손실률의 변화를 보여주는 그래프다. 학습을 거듭하면서 점차 손실률이 낮아진다. 이 그래프를 통해 학습도를 가늠할 수 있다.

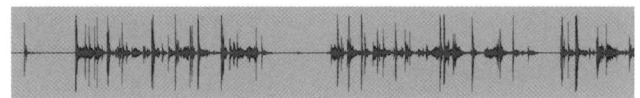

그림 4 | 오디오 머신러닝으로 생성된 가야금 소리의 파형. 생성된 소리는 오다시티Audacity라는 프로그램에 수합되고, 그 파형을 비교·분석하게 된다. 그 결과를 byungjun.pe.kr/1.wav에서 누구나 들을 수 있다.

네 개의 머신러닝 서버에서의 트레이닝 과정은 그림 2와 같이, 현재까지의 학습수와 손실률 모니터링이 원격에서 가능하다.

소리온도temperature, 정적 임계점silence threshold과 같은 변수를 조절하고 동적 변조 신호dynamic modulation signal[3]를 이용해 생성 음원을 제어할 수는 있다. 그러나 빈도수와 음색의 변화 정도만을 제어할 수 있을 뿐이다. 기본적으로 컴퓨터는 자신의 학습에 기반해서 제시된 시작 오디오를 분석한 뒤, 그 다음 점을 스스로 찍어나가면서 파형을 만든다.

3   소리온도temperature: 소리의 생성 시 소리의 빈도수에 관여하는 변수.
    정적 임계점silence threshold: 임계점 이하의 소리를 정적silence으로 무시함으로써 소리 생성 조건에서 배제시킨다.
    동적 변조 신호dynamic modulation signal: 소리온도의 제어신호로 '점차 많이' 혹은 '몇 박자 쉬고'와 같은 즉흥연주의 구조를 만드는 역할을 한다.

이 작업의 중요한 목표들 가운데 하나는 인간 연주자에게 자신의 연주에 '내포된 가능성을 보여주는 것'이다. 머신러닝을 수행하는 이 인공지능AI 무당들이 만들어낸 방언과 같은 음원을 들려줄 때 인간 연주자들은 대부분 안도의 한숨을 내쉰다. 역시 기계는 멀었구나, 우리는 이세돌처럼 되지는 않겠구나, 대단한 음악적 결과가 나올 줄 알았는데 결국 '노이즈'구나.

노이즈는 이 작업의 주된 결과물이었다. 노이즈를 줄여나가 연주자의 귀를 솔깃하게 할 만한 소리를 이끌어내는 것이 이 작업에서는 중요했다. 그러므로 원래의 연주 음원을 그대로 흉내 내는 것이 아니라, 인간 연주자의 가능성을 자극할 수 있는 그럴듯한 연주와 소리를 찾아가는 과정이 필수적이었다.

머신러닝 2단계

2단계에서는 서로 다른 데이터를 혼합하고 학습시켜 소리를 생성하는 실험을 진행했다. 컴퓨터는 남자와 여자 구음을 합치거나 가야금과 장구 소리를 합쳐서 학습한 후 두 가지 음원을 생성시켰다. 서로 다른 두 개의 소리들이 주고받는 합주가 되거나 장구 소리에 가야금의 음색이 더해지는 효과가 만들어졌다. 각각의 결과를 그림 5와 그림 6의 설명 뒤에 제시된 주소에서 들어볼 수 있다.

데이터의 혼용이 불러오는 흥미로운 결과는 작업의 부산물로 취급

그림 5 ǀ 남녀 구음 혼합학습 이후 생성된 파형. 남성과 여성의 구음을 합쳐서 50만 번 학습 후 생성된 소리의 파형으로 남녀가 주고받는 구음 소리를 들을 수 있다. 그 결과는 byungjun. pe.kr/2.wav에서 누구나 들을 수 있다.

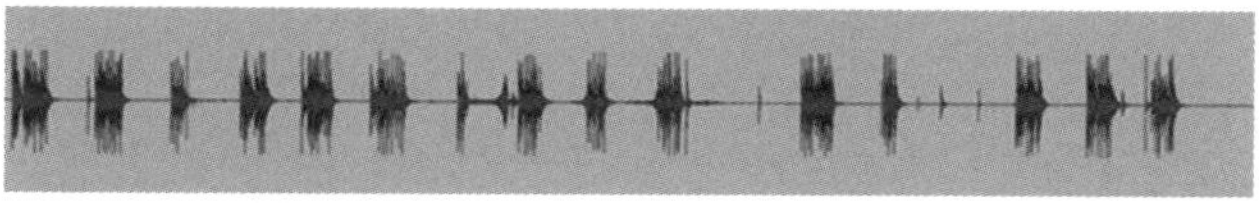

그림 6 ㅣ 가야금과 장구 혼합학습 이후 생성된 파형. 가야금과 장구 소리를 합쳐서 50만 번 학습 후 생성된 소리의 파형이다. 가야금 소리의 땅땅함이 묻어 있는 새로운 장구 소리가 만들어졌고, 동적 변조 신호를 통해 약 3초간의 휴지기가 반복되는 파형을 보여주고 있다. 그 결과를 byungjun.pe.kr/3.wav에서 누구나 들을 수 있다.

되는 수많은 노이즈를 동반한다. 이 노이즈들을 다시 학습 데이터에 포함시켜 트레이닝을 계속하려고 한다. 학습 데이터 내 노이즈 빈도수에 따른 생성 음원의 또 다른 음색을 기대하면서, 그 새로운 소리의 가능성을 끊임없이 탐구해보려 한다.

리눅스가 불러일으키는 문화적 각성과 변화

농촌을 삶의 터전으로 삼으려는 이들은 공통적으로 도시 생활이 주는 편의성을 포기하는 과정을 겪는다. 하지만 얼마간 시간이 지나면, 이들은 그 불편함에 적응하게 되면서, 도시와 농촌에서의 지출을 비교하며 자신이 얼마나 쓸데없는 소비를 해왔는지 깨닫는다. 그 물건이 없어도, 그것을 먹지 않아도, 그것을 보지 않아도 살 수 있으며 그 빈자리를 더 나은 것으로 채울 수 있음을 알아간다.

이처럼 새로운 각성과 변화는 리눅스 운영체제를 사용해보려고 큰 마음을 먹는 이에게도 마찬가지로 일어날 수 있다. 상용 프로그램들을 리눅스 운영체제의 오픈소스 프로그램들로 하나씩 바꿔가면서, 황무지를 개간하는 개척자와 올바른 농사를 짓는 농부의 보람을 느끼게 된다. 리눅스 사용자들은, 그간 써오던 운영체제가 편하긴 했지만 그것에 절대적으로 종속될 필요가 없으며, 그로 인해 얼마나 많은 비용을 절감할 수 있는지를 알게 된다. 보안이라는 명목 아래 이뤄지는 시스템 업데이트 때문에 그간 탈 없이 써오던 많은 프로그램을 못 쓰게 되고, 그래서 또다시 써야 했던 돈이 얼마나 많았는지 깨닫게 된다.

물론 모든 것이 대체가능하지는 않다. 대부분의 컴퓨터게임은 리눅스를 지원하지 않고, 상용 프로그램이 주는 서비스에서 소외되는 것을 감수해야 하며, 컴퓨터 관리를 자신이 스스로 해야 한다. 하지만 우리는 상용 프로그램 없이도 살 수 있고, 그 편리함을 포기할 때 또 다른 가능성이 열린다는 것을 알고 있다. 모든 것이 가능한 컴퓨터가 아닌, 내가 필요한 것만을 적정하게 최적화시킨 컴퓨터를 사용하게 된다.

지구상의 사람들 대다수가 이용하는 운영체제를 만든 회사는 물론 가장 큰 글로벌 기업들이고, 우리는 그 서비스의 달콤함에 요금을 지불하는 고객이자 평생을 바쳐 헌신하는 노예다. 문제는 아직까지도 그 운영체제를 한 나라의 공식 운영체제로 쓰고 있는 현실이다. 한국의 중앙 정부와 지자체의 전체 컴퓨터 운영체제가 미국 특정 기업의 것으로 정해져 있다. 우리는 그 기업에게 매년 엄청난 금액을 지불하면서 전국 방방곡곡 모든 공공기관의 모든 컴퓨터에 이 시스템을 이식해두었다.

초기에는 어쩔 수 없었다 하더라도, 이제는 천천히 바꾸어가야 한다. 특정 기업의 상용 운영체제를 리눅스에 기반한 오픈소스 솔루션으로 바꾸고, 시민들에게 무료로 제공하며 교육해서 그 활용 영역을 넓혀나가야 한다. 근래 경기도가 특정 기업의 워드프로세서인 '한글' 대신 리눅스에서 주로 써왔던 오픈 도큐먼트 텍스트Open Document Text: ODT로 전환하는 '탈HWP'를 선언한 것은 매우 고무적이다. 이런 운동은 전국으로 확대되어야 한다.

나날의 살림살이 되짚으며
스스로 성찰하게 도와줄
새로운 미술의 모습을 찾아서

김학량
미술가,
전시기획자

거울 들판 // 저편에서 누가 부른다 // 누구요? //
거울 속으로 새 신 신고 들어간다 / 거울 속에서 헌 신 신고 나온다 //
누구요! // 저편에서 누가 묻는다 // 거울 들판[1]

안 그래도 헛헛한데 코로나19 상황에 시달리는 요즈음 더더욱, 우리 삶이 편치 않게 돌아가고 있다. 일상이 얼마나 소중한지 깨닫게 되었다고들 너스레를 떨지만, 실은 사람이 사람임을 자각하고 살기 시작한 이래 일구고 누려온 일상이라는 것이 사람을 뺀 만물중생에게 얼마나 무시무시한 폭력을 휘둘러 만든 것인가에 관해서는 애써 모른 척한다. 백신과 치료제를 서둘러 개발해 평온한 일상을 되찾자고 짓까부는 한심한 작태를 보면 사람은 아직도 혼이 덜난 것 같다. 사람이 누려온 일상 자체가 폭력임을 뼈저리게 자각하고서 마음씀씀이·몸씀씀이를 바로잡지 않는 한 역병께서는 결코 물러가시지 않을 것이다.

   인류 문화의 첫 새벽부터 시작해 여태 이어지고 있는 걸 보면, 필시 미술이라는 게 무용지물은 아닌가 보다. 미술은 어디에 있을까? 미술

---

1 허수경의 시 「거울 들판」 전문. 허수경, 『청동의 시간 감자의 시간』, 문학과지성사, 2005.

은 어떤 순간에 움직이나? 미술이 없으면 세상이 무너질까? 미술은 이 세상에서 무슨 일을 할까? 그것은 무엇을 추구할까? 미술대학에 입학하던 해부터 치면 햇수로 39년을 이른바 미술계라는 행성에서 떠돈 셈인데, 미술에 대한 정의나 쓰임새, 기능·역할·위상·의미 등에 관해 스스로 물을 때마다 곤혹스럽다. 매사가 그렇지만, 미술에 관계된 것에 둘러싸여 사는데도 미술은 순간순간 낯설어져 대체 이게 뭔가 싶다.

그런데 농촌 삶에서 우러나오는 미술, 농촌 문화에 뿌리박은 미술을 상상할 수 있을까? 농촌에서 자생自生하는 미술, 도시의 삶·문화·미술에 휘둘리지 않는 미술을 농촌에서 꿈꿀 수 있을까? 농촌 삶에 미술이 소용이 있을까? 만약에 농사짓고 사는 누군가가 그림그리기로 자기 경험을 기록한다면 어떤가? 오늘 내가 쓸 이야기는 '사회 제도로서의 미술Fine Art'에 관한 것이 아니다. 어디서 무슨 일을 하며 어떻게 사는 사람이든, 누구나 원초적 본능으로서 그림을 그리고 싶어하는 마음은 대개 지니고 있다. 어떻게 하면 그것을 펼쳐서 비록 서툴더라도 그림그리기를 자기를 표현하는 길로 삼을 수 있을지를 궁리해보자는 것이다. 내 삶의 근거와 절차와 평상 의지로부터 어떤 미술 활동이 스스럼없이 자생한다면, 그 미술은 내 삶을 한층 빛나게 하는 무지개가 될 수 있을 것이다. 제도적·전문적 예술의 규범에 아랑곳하지 않고, 하루하루 살아가는 도중에 자연스레 빚어지는 그런 미술이야말로 꿋꿋하게 자기 멋과 줏대를 가꾸어가는 일종의 적정기술이라 할 수 있겠다. 나는 '학용품 같은 미술'을 꿈꾸고 있다.

미술사

나는 미술을 모르는 곳, 미술이 없는 곳에서 태어나 자랐다. 강원도 명주군 연곡면 신왕리, 우리 동네 사람들은 대개 고구마·감자·들깨·참깨·옥수수·조·수수·팥·콩·보리를 키우며 살았고, 좀 사는 집들은 논농사도 지었고, 동네 한복판 '잠실蠶室집'은 넓디넓은 뽕밭을 두고 뽕나무 잎 뜯어 누에 먹이고 누에 키워 실 뽑아 원사原絲를 팔고 살았고, 친구 영욱이네는 과수원을 했다. 글도 그림도 딱히 써먹을 바 없는 마을이었다. 그 마을에선 신왕초등학교 고학년 미술시간말고 미술 같은 것이 발붙일 데는 없었다.

선사시대에서 동시대까지를 관통하는 미술사 책을 스르륵 넘겨보면 알 수 있지만, 미술은 대지에 속해 있거나(동굴벽화·암각화 또는 페루의 나스카 라인Nazca Lines 같은 대지 그림), 부잣집 벽에 속하거나(절이나 성당에 그려놓은 종교 회화나 조각, 그리고 왕실·귀족 등 동서양 지배계층 및 근현대 소장가들의 소장품), 도시의 광장 같은 데에 속하는 것이었다(동서고금 궁궐·사찰·무덤·공공조각 등). 미술은 국사나 세계사 같이 역사 안에만 있었고, 우리 곁에 (우리에게는) 없는 무엇이었다. 미술은 우리 얘기가 아니었다. 미술의 역사엔 무시무시한 위계질서가 숨어있다(그림 1). 까마득한 시원의 첫 새벽을 제외하고 동 트고 날 밝으면서부터 미술은 힘 있는 자들 편에 서서 역사의 따뜻한 아랫목을 차지해왔다. 미술은 인간을 위해 자연을 재현했다. 아니, 인간은 미술을 통해 자연을 재현함으로써 지배했다. 미술은 짓고 만들고 그림으로써 무언가를 지배하는 도구요, 기술이었다. 남성이 여성을 그렸으며, 배운 자가 못 배운 자를 그렸고, 도시가 도시 바깥(교외·시골·전원·어촌·산촌·탄광지대 등)을 그렸으며, 잘사는 자가 못사는 자를 그렸다. 지배계층이 피지배계층을

인간	남성	제국주의 유럽 미국 근대	도시 중앙	지배계층 왕실 귀족 자본가 학자 관료 전문가집단	어른	다수 정상
자연	여성	그 바깥 식민지 동북아시아 아프리카 남아메리카 극지방 중앙아시아 서아시아 오세아니아	도시 바깥 주변 교외 시골 전원 어촌 산촌 탄광지대	피지배계층 백성 서민 민중 노동자	아이	소수 비정상 성 인종

그림 1 ¦ 미술의 역사—낮과 밤, 지상과 지하

그렸으며, 어른이 아이를 그렸다. 다수가 소수를, 정상인이 비정상인을 그렸고, 백인이 흑인을, 이성애자가 동성애자를 그렸다. 제국주의가 그 바깥을 여행했고, 제국의 화가가 식민지 풍경이나 풍습·인물·동식물을 그렸다. 인류사가 장강처럼 흘러오는 동안 힘 없는 자들은 힘 있는 자들의 조각과 그림 안에 들어가 그들의 권세와 영광을 드러내었다.

　미술은 하루하루 이리저리 굴러가는 일상 삶과는 무연한 무엇이었다. 지금도 미술 제도권 바깥에서 사는 사람들한테 미술은 남의 이야기이다. 미술은 흔히 '민족문화의 정수'라느니 '시대정신'이니 '천재' 예술가의 고독이니 하는 수사가 덧씌워져 범접하기 어려운 무시무시한 괴물 같은 것으로서 군림했다. 미술은 마치 사찰 경내에 들어서거나 주일 미사나 예배에 참례할 때처럼, 마음과 옷매무새를 가지런히 하고서 배알해야 하는 그런 것이다. 미술은 종교적 신성함 못지않게 성스러운 것이었다.

미술의 사회적 차원—지역성, 공동체성

지금 우리가 알고 있는 미술 개념은, 사실 모든 학문·예술 분야가 비슷하지만, 유럽에서 출발해 일본을 들렀다가 19세기 말 우리 사회에 발붙인 것이다. 서유럽식 '미술'이라는 '괴물怪物'이 한반도에 상륙한 지가 100여 년. 시서화詩書畵와 도화圖畵가 제구실하던 자리를 슬그머니 꿰차며 우리 사회에 발붙이기 시작한 뒤로 미술은 한동안 사실상 미확인비행물체UFO 같은 것이었다(물론 지금도 그럴지 모른다). 이 '미술美術'이라는 말은 1870년대에 일본 근대 지식인들이 독일어 'Kunstgewerbe'를 번역한 신조어(비쥬츠びじゅつ)인데, 다른 근대 언어와 마찬가지로 개화기에 조선에 들어왔다. 미술이 우리 땅에 뿌리를 내리는 데에 요즘 말로 플랫폼 구실을 한 것이 《조선미술전람회》(1922~1944년 조선총독부 창설·운영. 이하 《조선미전》으로 약칭)이다. 일제강점기, 식민지 시공간에 《조선미전》을 둘러싸고서 근대-미술(개념·제도·프로그램·시설·전문가사회·시장 등)이, 근대-미술가, 근대-미술이론이, 근대-비평이, 근대적 소비와 감상이, 근대적 유통이 탄생하고 자리 잡으며 서서히 문화가 되었다. 그런데 그것을 조선총독부가 고삐를 쥐고서 말처럼 부렸으니 마부인 제국주의 일본의 여러 가지 희망사항과 의지와 욕망이 자연스레 거기에 스며들었다. 식민지 조선의 화가들은 일본인 심사위원들이 원하는 풍경·풍속·인물·정물을 그려내어 심사 받았다. 그래서 《조선미전》 입선작은 무얼 그렸든 거의 예외 없이 고즈넉하고 적막하고 쓸쓸하고 외로웠다. 그리기는 우리가 그렸어도 그림의 대상과 내용과 분위기는 일본인 관광객이 식민지 조선을 구경할 때 보고 싶어하는 바로 그것, 즉 근대 이전이나 근대 바깥(전통사회의 유물·유습, 전통 관련 사물·풍속, 여성·시골·자연 등)에 관한 것이었다. 줏

대를 잃고 폐허와 황량한 자연과 쓸쓸한 골목을 배회하는 자의 우울한 심상이 미술의 원초적 본능인 양 각인되었다.

《조선미전》 이후 1980년대에 이르도록 한국 미술을 이끈 동력은 사실상 순수주의·심미주의를 교리로 삼는 '파인아트 체제'[2]였으며, 미술 창작이며 이론, 미술사학이 모두 서구 모더니즘 미술사를 규범처럼 따랐다.[3] 우리 미술계의 소위 모더니스트들은 1950~1960년대 추상 열풍을 거쳐 1970년대 소위 단색화에 이르기까지 세계로부터 스스로를 유폐시킨 채, 또는 지상의 숨결이 미치지 않는 고공을 비행하며 신비적·주술적인 초월성 수사를 남발하는 가운데 뜬구름 같은 '현대성'을 주장했다. 이에 정면 도전한 괴물이 1980년대 민중미술이다. 민중미술은 《조선미전》 이래 거의 처음으로, 살아 꿈틀거리며 돌아가는 세상과 삶을, 사회와 역사를 그 실상에 즈음해서 보고 만지고 더듬고 느끼고 읽고 파헤치고 찔러보고 끊임없이 질문을 던지는 가운데 미술의 위치와 역할을 재점검했다.

민중미술은 삶과 예술의 거리를 바짝 좁히려는 문화운동이었다. 민중미술은 소수자·약자의 삶과 그 현장, 지역적 맥락과 공동체(탄광·농어촌·공장·대학 등)를 살폈고, 대중문화·전통·자본주의 심지어 국가 권력 등 현실을 구성하는 힘과 그것이 드리우는 그늘에 두루 관심을 기울였다. 요컨대 민중미술은 개화기 이후 우리 미술사에서 미술의 사회적 가치, 지역적·공동체적 가치를 처음 주장했다.

1960년대 이후 세계 미술계에서는 이미 미술을 정의하는 패러다임이 달라졌다(그림 2). 작업실에 홀로 앉아 자기 세계에 푹 잠겨있는

---

2   이영욱, 「탈식민의 화두, 파인아트 100년」, 『월간미술』 12월호, 월간미술 발행, 1999.

3   신지영, 「왜 우리에게는 '위대한' 여성 미술가가 없을까?: '한국성'의 정립과 '한국적' 추상의 남성성에 대하여」, 『현대미술사연구』 17호, 현대미술사학회, 2005, 69~103쪽.

그림 2 | 작업실에 가만 앉아있는 브랑쿠시(좌), 그리고 사람들과 떡갈나무를 심는 보이스(우)

콘스탄틴 브랑쿠시Constantin Brancusi(1876~1957)와 그 반면 작업실 바깥에서 사람들하고 어울려 나무를 심고 있는 요셉 보이스Joseph Beuys(1921~1986)의 모습[4]은, 20세기 전반에 작가의 개성과 자율성을 추구하던 모더니스트와 1960년대 이후 미술의 공공성을 탐색하는 예술가들의 지향점이 얼마나 다른가를 또렷이 보여준다. 작업실에서 혼자 놀다가 바깥으로 나가 어울려 놀기; 혼자 쓰기, 혼잣말하기로부터 대화하기, 같이 놀기로; 고유한 의미를 지닌 예술적 '사물'(이른바 작품)로부터 공동체적 가치를 나누는 '활동'으로. 이렇게 입장과 태도와 자세를 고쳐 앉으면서 미술은 전 세계에 걸쳐 일상 삶의 문맥에서 쾌활하게 움직이는 새로운 공공성을 추구했다.

4　요셉 보이스, <7000그루의 떡갈나무>, 《제7회 카셀 도큐멘타》, 독일 카셀, 1982.

도시 삶과 농촌 삶, 도시 미술과 농촌 미술

앞에서 잠깐 말했듯이, 동서고금 미술사를 수놓아온 그 미술은 대체로 도시를 무대 삼아 일어나고 흐르고 변형되고 부서지고 허물어지고 거기서 또 다른 싹이 나고 하는 것이었다. 미술을 둘러싸고 벌어지는 창작·감상·거래·비평·소장·전시·정책·제도 등은 대개 도시의 일이었다. 역사학자 폴 존슨Paul Johnson은 미술이란 "자연의 혼돈 속에 인간의 질서를 부여하고자 하는 필요성"에서 비롯되었고, 인간이 고안한 "자기보존" 형식이기도 하며, "자신이 속한 환경의 힘없는 희생자가 되기보다는 환경을 지배하고자 애쓰는 인류의 자연적 본능"과 관련된다고 써 놓았다.[5] 이런 내용도 인간의 욕망이 고밀도로 집적되는 도시라는 인문주의 문화 플랫폼에 잘 들어맞는다. 도시 사람에게, 도시 환경에게, 도시 삶에게 세상은 매우 추상적이다. 도시엔 사람과 사람, 사람과 사물, 사물과 사물을 연결하는 매개 고리가 너무 많고 상호관계도 서로 복잡다단하게 꼬여 있어, 삶이니 세계니 하는 것이 도시인에게는 신기루 같고 몹시 추상적인 것이다. 그래서 도시엔 그 매개관계를 규명하기 위해 번다한 언어가 필요하다. 도시는 잡설雜說과 암호暗號로 넘친다. 사람 수나 활동의 밀도가 높아질수록 소외감도 짙어진다. 관계가 복잡해질수록 고독감은 더욱 깊어간다. 도시엔 도시의 신기루를 견딜 만한 또 다른 환영幻影의 감각, 환영의 언어가 필요하다. 도시엔 미술이 필요하다. 도시에서 미술은 잡설이나 암호, 신기루 따위와 같다.

---

[5] 폴 존슨, 『새로운 미술의 역사 *Art: A New History*』, 민윤정 옮김, 미진사, 2006, 693쪽. 좀 과격해서 마음에 안 드는 구석이 있지만, 맞는 말이긴 하다. 하지만 이 존슨아저씨 말은 예술뿐만 아니라, 동서고금을 꿰뚫어 사람이 저지르는 모든 짓에 다 해당하는 얘기다. 자연에 저항하는 인간, 자연을 사용하는 인간, 자연을 지배하는 인간이라는 섬뜩한 이념이 깔려있어서 "인류의 자연적 본능"을 조심해야 한다.

반면 벼농사 짓고 고구마·감자 심고 나물 캐며 사는 삶은 비교적 단순하다. '근대화' 이후 농촌과 농촌 삶이 도시와 도시 삶에 볼모처럼 쥐켜 살게 되긴 했어도, 아직은 농촌에서 사람의 몸과 감자의 몸과 땅과 하늘은 한몸이다. 농촌에서 사람과 감자와 하늘과 땅은 한 탯줄로 이어져 있어 생명공동체가 된다. 농촌에서 사람의 몸은 대지와 부딪치고 엉키어 살고, 그러는 가운데 사람은 자기 몸을 연필 삼아 대지에 자기 삶을, 자기 존재를 새긴다. 그러는 가운데 사람의 몸에는 하늘과 땅, 바람과 비, 구름과 천둥, 이슬과 안개의 움직임이 새겨진다. 땅과 하늘과 사람과 감자는 서로에게 숨결을 불어넣으며 어울려 산다. 농촌에서 땅과 하늘과 사람과 감자는 모든 감각기관을 활짝 열고 언제든 상대의 메시지에 즉각 감응感應한다.

도시와 농촌이 삶의 틀이 이렇게 다르므로 도시의 미술과 농촌의 미술도 다를 수밖에 없다. 그러나 이미 농촌 근대화 50년 세월에, 도시를 돌아가게 하는 삶의 체계를 아무 반성도 없이 농촌에 이식해온 탓에 농촌 문화라 할 것이 점점 씨가 말라가고 있음은 우리가 다 아는 대로이다. 지역마다의 문화적 개성은 점점 옅어지고, 서울·의정부·속초·양구·청양·울릉도·산청의 아이들이 보는 국어·음악·미술·과학 책은 똑같다. 제도교육의 이념과 방법론은 서울 같은 대도시 삶의 틀을 기준으로 설계된다. 도시 바깥 아이들은 자기 지역의 언어·노래·미술·과학·산업·지리·생태에 관해 못 배운다. 지역 소도시와 농촌·어촌·산촌은 점점 더 서울과 대도시의 식민지 같은 신세가 되어가고 있다.[6]

미술이 이와 같이 뒤틀린 근대화·도시화·식민지화의 문제를 풀어가

---

6 교육·대중문화·경제·정치 등 모든 영역에서 도시 바깥의 삶·사람·자연은 도시의 욕망을 해소해줄 자원 공급처이자 도시의 소비 대상이며, 도시의 쓰레기 매립지이다. 도시 바깥은 도시에게 노래방·유원지·야구장·오락실 같은 곳이다.

는 데에 도움이 될까? 이것이 우리 관심사다. 요컨대, 농촌 삶의 지역적·공동체적 가치를 끌어올리는 데에 미술이 이바지할 수 있는가? 지역 문맥을 두드러지게 해서 문화적으로나 경제·정치적으로 새로운 비전을 미술이 내보일 수 있는가? 도시의 식민지로 전락하면서 농경공동체가 분해되어버린 근현대적 질곡으로부터 한 발짝 한 발짝 벗어나면서 알게 모르게 새로운 공동체를 엮어가는 데에 미술이 작은 실마리나 매개가 될 수 있을까?

농사지으며 미술하기, 농촌에서 문화 자생성 가꾸기

작가·이론가·평론가·큐레이터 등등 미술 전문가들은 그들대로 도시 중심 제도권 안에서 열심히 미술을 해야 하지만, 일상 삶의 문맥에서도 미술은 쓰임새가 없을 수 없다. 제도의 첨단에서 시대를 이끌어가는 미술 창작과 이론은 그것대로 제구실을 해야 하지만, 세속 삶의 맥락에서도 보통 사람들이 자기 삶을 관찰하고 발견하고 기록하고 이해하고 관조하고 비평하는 데에 미술을 쓰지 못할 이유가 없다. 미술은, 도시에서건 농촌에서건, 그것의 원초적 본능이나 궁극 목표라는 차원에서 보면 일기쓰기와 다를 바 없다. 결국 미술은 공책에 무언가를 써넣는 일과 같다. 어떻게 보면 미술은 학용품 같은 것이다.

　도시의 매캐한 초미세먼지 속에서 하든 쨍쨍한 농촌 하늘 아래서 하든, 어떤 형식으로 무엇을 재료 삼아 무슨 내용을 심어가며 하는 것이든, 미술은 삶의 질감質感을 도드라지게 하는 일이다. 미술이 삶의 질감을 도드라지게 한다고 했을 때에 미술은 그것이 발 딛고 선 시공간의 성격과 문화적 취향, 삶의 이념과 상응相應해야 한다. 미술이 삶의 질감을 도도록하게, 만져질 듯이 드러낸다고 했을 때, 미술은 자신이 발붙이고 선 장소에 깃들어 사는 사람들의 칠정七情(희노애락애오욕喜怒哀樂愛惡慾)과 공명共鳴해야 한다. 결국 어딘가의 미술은 거기 것이어야 한다.

  그럼 어디서부터 어떻게 시작해야 할까? 어느 때 어느 곳이든, 그 문화에 자생력이 튼튼해지려면 우선 외부에서 밀려오는 부당한 압력·간섭·개입을 견뎌낼 수 있어야 한다. 앞서 말했듯이 《조선미전》 이후 우리 미술은 끊임없이 외부, 즉 제국주의 일본의 식민지 문화통치체제, 해방 후 군정체제, 남북분단체제, 전쟁체제, 독재체제 등이 그 체제의 힘을 앞세워 문화의 방향을 좌지우지하는 바람에, 개인과 공동체와 지역의 문화적 개성을 한껏 꽃피울 토대나 플랫폼을 가꾸기조차 어려웠다. 그런가 하면 미술가나 평론가는 일본·미국·프랑스·영국·독일 등 외국 미술이 어떻게 돌아가는지 눈치 보며 따라가기에 바빴고, 지역 미술은 또 연신 서울의 '중앙화단' 눈치를 보며 살기 바빴다. 세상이 그렇게 돌아가다 보니 미술이니 문화니 그 무엇이니 하는 것이 죄다 '기준'을 바깥에다 두어 정처 없이 따라가기 바쁜 일이 되고, 정작 나 자신과 내 집과 내 동네와 내 지역이 지녔을 법한 끼와 멋과 흥과 고독과 설움과 분노 같은 것을 생생하게 토로할 줄은 점점 모르게 되었다. 20세기 후반 강원 미술은 20세기 후반 서울 미술과 다를 바 없고, 20세기 첫 10년대의 홍성 미술은 같은 때 수원 미술과 다른 점을 찾기 어렵다. 21세기 20년대 서울의 미술판에서 동시대 뉴욕과 런던·베를린 눈치 보지 않고 멋대로 제 갈 길 찾는 미술가를 얼마나 만날 수 있을지 미심쩍다. 남의 눈치를 절대 보지 말자고 하는 얘기가 아니다. 줏대 없이 바깥소문 뒤꽁무니나 쫓으니 그게 문제이고, 서툴거나 어쨌거나 투박하거나 말거나 제 멋에 겨워 사는 인생이 적다는 것이 문제이다. 줏대 있고 제 멋을 아는 사람이라면 바깥 것도 쓸 만한 것은 받아들여 잘 써먹을 것이다.

그렇다면 어디서 어떻게 시작할 수 있을까? 무엇보다도 한 사람 한 사람이 자신을 알아야 한다. 그냥 알아지지는 않는다. 자기 자신도 알려고 들어야 알아진다. 일에만 몰두하고 자신을 돌보지 않으면 그 존재는 허해진다. 버려놓은 땅엔 길이 없는데, 그걸 방치하면 종내 알 수 없는 것이 된다. 자꾸 발 들이고 거기서 이리저리 움직이고, 움직이며 들여다보고, 자꾸 들여다보며 관찰하면 어느새 여러 갈래로 길이 생긴다. 우리 몸도, 나 자신의 존재도 이와 같다. 이렇게 자신을 가꾸는 데에는 여러 방법이 있는데, 글 읽기, 시 읊기, 일기 적기, 음악 듣기, 노래하기, 여행하기 등과 함께 그림을 그리거나 무엇인가를 공들여 만드는 일도 있다.

감자 심어 생계 꾸리는 사람도 그림 그릴 수 있다. 씨감자·호미·괭이도 그릴 수 있고, 낫·빗자루·경운기 같은 것도 그릴 수 있다. 집이나 풀·꽃·나무·콩·팥도 그리고, 내 얼굴, 내 손, 내 발, 내 옷, 내 모자, 내 양말, 내 신발 등을 후줄근하게 땀에 절어 삭은 것이라도 얼마든지 그릴 수 있다. 그것이야말로 감자 심고 사는 사람의 생생한 사실성이고, 서툴고 투박하지만 그 서툶과 투박함이야말로 감자와 더불어 천지간에서 호흡하는 자가 벌이는 삶의 진정성을 보태지도 빼지도 않고 증언하지 않는가. 응당 그것은 미술 교과서에 박혀 있는 제도권 전문 미술가의 솜씨와 관념에 비하면 거칠지만, 그 거칢이야말로 제도권의 세련된 언어가 결단코 흉내조차 낼 수 없는 삶의 리얼리티가 아닌가. 이럴 때에 감자 심는 삶은, 또 그가 그린 거친 그림은 신기루나 환영이 아니다. 하늘·땅·감자·사람 사이를 흐르는 우주의 리듬에 실려 떳떳하고 흥겹게 살아가는 그의 씩씩한 숨소리가 아니고 무엇이랴.

감자 심어 사는 사람이 자기 몸과 농기구, 여러 작물, 주변 식물, 또 가족과 여러 이웃, 그리고 하늘, 구름, 달, 별 등등 자기 몸과 자기 삶이 만나고 쓰고 겪고 신세지는 만물중생을 두루 향해서 마음을 열 때에 거기서 미술은 가장 투박하지만 비할 데 없이 진정성 있는 창작물로서 자립自立할 것이다. 요컨대 농사짓는 사람에게 문외한 것인 그림을 그리는 일은 다름 아닌 '수신修身' 과정이다. 내 몸 안팎에서, 나와 사귀며 나와 더불어 천지간 한 세월을 같이 겪어가는 만물중생을 다시 보고, 가만 들여다보고, 자꾸 보는 것은 다름 아니라 그들을 섬기는 일이다. 이승에서 어떤 직분을 가지고 일하며 산다는 것은 그 일에 그물처럼 연결되어 있는 사람과 사물과 갖가지 존재를 정중히 모시는 일이다. 사람은 자기 바깥을 모시고 섬기는 꼭 그만큼 큰다.

 미술 문외한이 때때로 미술을 했을 때 얻는 바가 이와 같다. 그런데 남몰래 혼자서만 했을 때엔 아무래도 흥이 덜 난다. 여럿이 어울리면 재미있을 텐데, 그 일은 제도가 뒤를 받쳐줘야 한다. 미술을 비롯해 책 읽기, 자서전 같은 글쓰기, 노래 부르기 등등 여러 프로그램을 만들 수 있을 것인데, 마을이 스스로 할 수도 있겠지만 지자체나 국가 같은 공공영역이 그 환경을 만들어주면 여러모로 효율이 높아질 것이다. 지자체나 국가는 건립비 수백억에 연간 운영비 수십억씩 들어가는 거대 미술관이나 문화회관·예술의전당 같은 것 만드는 일에만 눈을 붉히는데, 이제는 마을마다 사람들이 걸어다닐 만한 곳에 전문가의 도움을 받을 수 있는 마을도서관·마을미술관·마을문화센터·마을박물관·마을역사관 등을 만들어야 할 때이다. 거기에는 교과서에 나오는 추상적인 미술·음악·역사 같은 것 대신 마을과 지역 사람들의 삶과 이야기를 수두룩하게 담아야 한다.

 21세기 들어 방방곡곡에서 동네책방이나 마을서점·마을도서관이 자리 잡고서 책 읽기, 글쓰기 워크숍, 주제 세미나, 초청 강연, 기타 문화예술 프로그램을 꾸려간다는 소식을 듣는다. 지역 산업이나 문화자원을 활용하는 생활협동조합이나 예술문화센터를 통해 취미생활·부업·악기교습·합창 등 여가활동을 펼친다는 소문도 심심치 않다. 학계의 제도권 역사학에서 소홀히 하는 지역사를 산업·생태·인물·문화 등 다방면에서 발굴·재조명하는 개인이나 모임도 적지 않다고 한다. 이 모든 마을·동네·지역 기반 활동은 나 한 사람 차원에서는 마음을 뿌듯하게 해서 좀 더 멋있고 씩씩하게 사는 '힘'이 되고, 나와 이웃·동네·지역 사이를 이어 새로운 관계를 엮어내는 '다리'도 된다. 이런 활동이 모여 한 지역의 문화 자생성을 탄탄하게 만든다.

  문화 자생성은 대문·방문 다 닫아걸고 골방에 틀어박혀 자기 자신만 들여다본다고 성취되지는 않는다. 오히려 대문·방문 활짝 열어젖히고 스스럼없이 이웃이나 다른 마을 사람, 다른 지역 문화, 다른 나라 예술을 기꺼이 맞아들이는 쪽에서 훨씬 수월하다. 무슨 일이든 자꾸 견주어보며 안목을 넓히면 멋있어지는 법. 남을 기꺼이 맞아서 줏대 있게 내 입으로, 내 말로, 내 경험을 가지고, 내 솜씨로, 내 문법으로 내 삶을 이야기하기, 이것이 중하다. 내가 얻은 삶의 질감을 내가 말해야 한다. 그래야 내가 서고 마을이 서고 지역이 서고, 세상이 멋있게 돌아간다.

포토에세이 한국 근현대 마을 공간 변천기 5

유현민

세기말 풍경, 강경江景 1998~2000

01 무궁화양복점. 멸실.
02 금성다방(1940년 건축). 멸실.
03 대동전기상회大同電氣商會. 현존. 영업하지 않고 건물만 현존. 일제 때 강경 지역의 인구 밀집 때문에 각종시설이 들어서면서 가정에 전기를 보급하기 위해 설립됐다. 지상 2층 목조건물로 지상 1층 일부는 도로에 면해서 목조로 일부 중축했고, 2층 상부는 상호가 새겨진 간판건축의 형태를 띠고 있다. 6.25전쟁 당시 일부 소실되어 1955년에 복원되었다.
04 화장품광장. 멸실.
05 구)대성상회大成商會. 영업하지 않고 건물만 현존.
06 구)한일은행 강경지점韓一銀行 江景支店(1913년 신축). 영업하지 않으나 건물 현존. 국가등록문화재 제324호. 1905년 자본금 50만 환으로 설립된 한호농공은행 강경지점이다. 한일은행 강경지점은 국권침탈 이후인 1911년 9월 8일에 개점했으며, 1913년 11월 17일 현재의 위치로 신축 이전했다. 연면적 188.76㎡의 붉은 벽돌조 단층 건물로 6·25전쟁 당시 폭격으로 지붕 부분이 파괴되었으나 그 후 원형을 살려 일부를 복구하였다. 광복 이후에는 충청은행, 중앙독서실, 젓갈창고 등으로 사용되다가 현재는 논산시에 매입되어 2012년부터 강경역사관으로 사용되고 있다.
07 중앙민물. 멸실.
08 다카하시高橋정미소. 멸실. 1928년 다카하시는 강경미곡상조합장을 지냈다. 이곳의 정미소에서 도정한 쌀은 대부분 군산을 통해 일본으로 보내졌다. 만주산 밤을 직수입해 판매하기도 했다.
09 구)삼립식품. 영업하지 않고 건물만 현존.
10 구)삼거리한복점. 영업하지 않고 건물만 현존.
11 구)강경노동조합(1925년 신축). 국가등록문화재 제323호. 강경노동조합 초대 조합장 정흥섭이 중심이 되어 1925년 신축한 건물이다. 원래는 2층이었으나 현재 1층의 일본목조건축 양식을 지니고 있다. 정면 중앙부에 입구를 두고 돌출된 작은 지붕으로 포치를 이룬 정면 다섯 칸, 측면 세 칸의 구조다. 강경 지역 근대 상권의 흥망성쇠를 엿볼 수 있는 상징적 건물이다. 현재 강경 역사문화안내소로 사용되고 있다.
12 구)중앙양조장. 멸실.
13 구)제일완구점. 멸실.
14 신진물산판매장. 멸실.
15 중앙2리사무소. 멸실.
16 구)신광양화점新光洋靴店, 화신양복점和信洋服店. 영업하지 않고 건물만 현존. 1954년 건축된 지상 3층 규모의 조적조 건물로 두 개의 도로에 면한 대지의 특성을 고려해서 모서리면을 절개하고, 둥근 원형창과 원기둥 형태의 디자인을 표현해서 정면성을 강조했다. 2층 상부에 간판을 새겨 넣은 간판건축의 형태를 띤 당시 상업건축의 특성을 보여준다.
17 구)산전기선부山田汽船部 사무실. 강경-군산 여객선매표소로 사용됐다. 멸실.
18 구)홍인병원. 영업하지 않고 건물만 현존.
19 호남병원(1914년 건축). 멸실. 1914년에 개업한 충남 지역 유일의 근대병원으로 경성의학전문학교 출신인 정연해씨가 원장을 맡았고 10여 개의 병실이 있었다. 6.25전쟁이 끝나고 한동안 병원으로 이용됐다가, 이후 요정으로 사용됐다. 2011년 건물 전체가 헐리고 현재는 건물터에 젓갈백화점을 지어서 사용 중이다.
20 구)한일은행 부속건물. 젓갈창고로 사용되다가 현재는 멸실.

* 구)가 붙은 건물은, 사진 촬영 당시에 건물은 남아있었으나 용도가 변경된 경우를 가리킨다.

ⓒ 유현민.《세기말 풍경, 江景 1998~2000》, 4x5필름 밀착인화, 젤라틴 실버프린트.

세기말 풍경,
강경江景 1998~2000

유현민
사진작가

이 작업은 선친이 애용했던 1930~1940년대 그라플렉스Graflex 사에서 제작한 4×5 스피드 그래픽Speed Graphic 폴딩카메라를 사용하여, 과거와 현재가 한몸을 이루듯 20세기말 강경 근대거리 풍경들을 소소하게 담은 기록이다.

근대 이행기 강경은 장터의 삶과 포구 문화의 흔적들이 있는 곳이었다. 2000년 전후 강경읍이 논산시로 편입되면서 근대사의 장소들이 급격히 사라지고 변형되어 지금은 낯선 공간이 되어가고 있다.

장소는 사람들과의 관계가 쌓이고 개입되는 곳이며, 삶과 공동체의 기억을 품고 있다. 그래서 친숙하고 편안한 장소의 느낌은 우리에게 되돌아갈 동기를 부여한다.

2021년 현재 강경 지역에는 많은 개발사업이 진행되고 있다. 한 장소의 느낌은 그 지역 전체에 대한 인상을 좌우하므로, 삶과 시공간과 생태계를 함께 살펴보려는 노력이 중요하다. 크고 작음을 떠나 개발 과정에서 우리가 잃고 있는 것이 무엇인지, 미처 생각지 못한 것들이 너무 많은 건 아닌지 돌이켜본다.

우리가 공간에 가치를 부여할 때 그곳은 장소가 된다.
그리하여 추상적이고 낯선 공간은 개개인의 삶 경험과 감정을
통해 의미로 가득 찬 애틋하고 구체적인 장소로 전환된다.
장소는 결국 인간화된 공간이다.[1]

---

[1] 이-푸 투안, 『공간과 장소』, 윤영호·김미선 옮김, 사이, 2020.

스밈

농촌으로부터

언택트 공연, 아마추어 기획자에게 1000만 원이 주어진다면 | 조대성
협동조합젊은협업농장 실험보고서 4: 젊은협업농장과 학습 | 정민철

언택트 공연,
아마추어 기획자에게
1000만 원이 주어진다면

조대성
농민, 홍성유기농협동조합 대표

나를 전혀 모르는 누군가가, 글을 통해 나의 추억을 알게 되는 일이 얼마나 힘들고 귀찮을지 생각해보게 된다. 직접 체험한 나는 그저 '아 그때 참 즐거웠지'라며 과거를 회상하면 끝이다. 하지만 이 글을 읽는 당신에게는 '내가 무슨 조직에 있었으며, 어쩌고저쩌고 해서 이렇게 되었는데 반전에 반전을 거듭하여…' 이렇게 보일 수 있다. 그렇게 쓰려고 생각하니 조금 아찔하다. 그러나 글 한 편을 완성하는 것의 즐거움을 미리 상상하며 이어가보겠다. 지루하겠지만 끝까지 힘을 내주시길 부탁한다.

1

홍성군음악협회라는 단체가 있다. 내가 이 협회에 발을 들이게 된 해는 2019년이다. 지인이 새로운 지부장으로 선출되었고 일을 도와달라고 요청했다. 농사를 지으며 틈틈이 공연 기획 및 행사 진행 등 조금씩 일을 도와주기 시작했다. 한편 2020년 초에 홍성군은 지역의 문화예술인의 활동을 지원하기 위해 '2020지역문화예술사업'을 공고했고, 음악협회에서도 이 사업을 신청해서 1000만 원의 사업비를 배정받았다. 음악협회에서 기획한 공연은 두 가지였다. 상반기에는 홍성군립오케스트라 공연, 하반기에는 대학교 선배 중에 재즈피아니스트로 활동하는 형을 초청해서 공연할 계획이었다. 그러나 2020년은 어떤 해였는가? 바로 모두가 변명거리로 삼아도 전혀 이상할 것이 없는 코로나19의 해였다. 당연히 상반기에 기획했던 공연은 하반기로 연기됐고, 하반기에 기획된 공연은 제대로 할 수 있을지 의문이었다. 홍성군의 공연 지침이 내려왔다. 실내에서 공연을 할 경우 공연자와 스태프, 관객을 포함해서 50인 이상이 되면 안 된다는 내용이었다. 사업을 신청해서 예산을 받고, 훌륭한 연주자도 섭외했으나 관객을 모을 수는 없고. 아 어떻게 해야 할까.

2

한국음악협회라는 단체가 있다. 홍성군음악협회는 이 단체에 소속되어 있다. 2020년 8월에 한국음악협회에서 '공연예술 인력채용'이라는 사업을 공고했다. 지역의 음악협회 같은 예술 단체에서 3명의 인력을 채용할 수 있도록 지원하는 사업이었다. 지원 내용은 9월부터 5개월간, 하루 6시간 근무, 최저시급 제공. 농사일에 조금 여유가 생긴 상황이었고 음악협회에서 기획 일을 도와주고 있었으니 가능하겠다 싶어서 인력채용사업에 지원했다.

3

정리하자면, ① 홍성군 음악협회의 일을 (거의 재능 기부로) 도와주고 있었고 ② 홍성군에서 1000만 원의 공연 예산을 받았으나 코로나19로 진행을 못하던 중에 ③ '공연예술 인력채용' 사업을 신청해서 돈을 받고 제대로 일하게 됐다.

4

매일 출근하기 시작하며 어떻게 공연을 해야 할지 연구를 하던 중에 아파트 베란다에서 클래식 공연을 감상하는 발코니 음악회에 대한 기사를 보게 되었다. 이거다 싶어 언택트 클래식, 언택트 재즈라는 뭔가 있어 보이는 이름을 붙여 공연을 다시 기획했다. 장소는 내포의 아파트단지, 공연은 현장관람은 불가능하고 각자의 집 베란다에서 공연을 감상해서 코로나19의 방역수칙을 지키면서도 최대한의 관객을 확보하기로 했다. 두 가지 공연을 하나로 붙여서 1부는 클래식, 2부는 재즈 트리오 공연으로 구성했다. 공연하기에 적당한 아파트를 찾아보니 내포경남아파트가 눈에 들어왔다. 다른 아파트 단지들은 대부분 병렬식 구조인데, 이 아파트는 중앙에 공원이 있고 공원을 둘러싸는 중앙집중식 구조여서 중앙 공원에서 공연을 하게 될 경우 발코니에서 무대로의 접근성이 좋았다. 인맥을 활용해서 아파트 관계자를 물색해보니 특이하게도 이 아파트에는 부녀회가 있었고, 부녀회장과 연락이 닿게 되었다. 공연의 기획안을 보여주며 설명을 하니 너무 좋은 기획이라며, 코로나19로 공연 관람이 어려운데 이런 기회가 생기니 적극적으로 도와주시겠다고 하셨다. 음. 왜 일이 이렇게 잘 진행이 되지? 조금 불안한 감이 없지는 않았으나, 나의 천재적인 기획력으로 인한 것이니 괜찮은 것이라고 스스로 다독이며 불안함을 떨쳐내고 계속 진행했다. 공연은 영상으로 촬영해서 유튜브에도 컨텐츠를 올리기로 했고 공연에 필요한 무대, 음향, 조명, 악기 렌탈, 연주자 섭외 등의 일을 진행했다.

앞서, 재즈피아니스트로 활동한다고 했던 학교 선배를 소개하자. 재즈피아니스트 이름은 김가온이고 연예인과 결혼해서 좀 유명세를 탄 사람이다. 형수는 강성연이라는 배우였으며 동문 경조사 때 한 두 번 얼굴을 보고 인사만 했다. 연예인을 직접 본 사람들은 공통적으로 '머리가 참 작다, 약간의 후광이 비친다'는 말을 한다. 나도 비슷한 경험을 했다. 여튼, 선배는 아내와 함께 KBS 예능 〈살림하는 남자들〉에 출연 중이었다. 공연 섭외 차 전화를 했더니 공연 기획이 마음에 든다며 혹시 공연 날에 아이들과 같이 농장 체험을 하며 〈살림하는 남자들〉 촬영을 같이 할 수 있냐고 물어보았다. 나는 공연 준비로 바쁠 것 같아서 좀 망설였지만 방송에 공연이 소개되면 나쁠 것도 없을 듯하고 형의 필요와 나의 필요를 동시에 충족시키는 것도 좋겠다 싶어 그러자고 했다. 농장 체험 할만한 곳을 찾아보니 장곡의 정다운농장이 좋을 듯했다. 농장주에게 허락을 구하고 방송작가와 소통하며 촬영과 공연을 동시에 준비했다.

5

공연이 다가오니 준비할 일이 많아 바쁘기 시작했다. 다행히도 함께 일하는 분들이 잘 준비해서 문제는 없었다. 공연 전에 선배와 공연 내용에 대해 회의하며 재즈트리오만 하면 좀 심심하니 노래를 한 곡 정도 하면 좋겠다는 이야기를 했는데, 깜짝 출연으로 아내가 나와서 노래 부르면 좋을 것 같다며 한번 제안해보겠다고 했다. 와우, 그렇다면 기획하는 입장에서는 너무 멋진 공연이 될 것 같아서 기대했고, 형수가 승낙하며 서프라이즈 순서까지 준비하게 됐다. 공연 당일 날이 되었다. 현장에서는 동료들이 업체들과 무대를 설치하고 있었다. 나는 예능 촬영을 위해 정다운농장으로 향했다. 촬영 스태프가 대략 열다섯 명에 큰 카메라가 여섯 대, 관찰용 소형 카메라가 여러 대였던 것 같다. 스타렉스 밴 다섯 대가 농장 주차장에 꽉 들어찼다. 드론이 날아다니고 음향 감독님이 무선마이크를 내 몸에 설치해주셨다. 곧 선배 가족이 도착했다. 선배의 가족은 미취학 남자아이 둘을 포함해서 네 명. 나를 농사짓는 후배라고 소개하며 촬영을 시작했다. 촬영은 어렵지는 않았지만 생각보다 시간이 많이 들었다. 아이들은 고양이와 소를 보자마자 즉각적으로 반가워하며 반응했으나 카메라는 준비되지 않았고, 피디님이 다시 한 번 큐 사인을 주면 아이들은 지루해했다. 그럼에도 선배와 형수는 능숙하게 아이들을 다독이며 촬영을 이어나갔다. 공연 리허설을 위해 중간에 나와 선배만 함께 공연장으로 향했고 나머지 분들은 마무리 촬영을 마치고 이후에 공연장으로 합류했다.

6

아파트에 도착하니 공연 준비가 한창이었다. 야외 공연이어서 추위가 걱정이었다. 공연 날은 10월 22일이었다. 날씨는 좋았으나 바람이 불어 연주자들이 추위에 떨지 않을까 걱정이 되었다. 그러나 연주가 업인 분들이라 날씨에 개의치 않고 멋지게 연주를 했다. 깜짝 공연순서도 성공적이었다. 관객들은 베란다에서 현관 불을 깜빡이며 공연에 화답했고 아파트에 사는 아이들은 내려와서 무대 뒤에서 소리를 지르며 존재감을 드러냈다. 음악협회에서 설치한 카메라가 네 대, KBS에서 설치한 카메라가 열몇 대, 그리고 음향과 조명 콘솔. 관객은 객석에 없고 스태프만 가득한 특이한 공연이었다.

7

공연을 마치고 선배 부부와 셋이서 조촐하게 뒷풀이를 했다. 관객들이 베란다 불빛으로 화답을 해주는 것이 인상적이었으며, 이렇게 관객과 비대면으로 하는 공연이 너무 좋았다고 했다. 〈살림하는 남자들〉에 출연하면 경제적으로 도움은 되지만 아이들이 힘들어해서 이 날 촬영이 마지막이었다고 했다. 그런데 이렇게 멋진 공연과 농장체험으로 마무리 할 수 있어서 좋았고 좋은 기회를 주어서 고맙다고 했다. 아니다. 오히려 이런 지방에까지 와서, 추운 날에 멋진 공연을 해 준 것이 너무 고맙고 공연이 잘 끝나서 고맙다고 내가 말했다. 대학 때 알고 지내던 선배와 나이 들어 서로 다른 삶을 살고 있었지만, 일을 통해 만나고 서로에게 기분 좋은 추억을 남긴 것이 참 재미있었다.

8

공연을 마치고 나니 길고 지루하고 어려운 군청과의 정산 작업이 이어졌다. 그리고 사업의 지원을 받은 단체들이 모여서 발표회를 가졌다. 다들 코로나19 시대의 비대면 문화에 적응해서 사업을 잘 진행했다. 대부분이 유튜브 중계나 영상을 공유했다. 시대가 변하니 시골의 예술 단체들도 이제 유튜브는 기본이 되었다. 나는 담당 주무관님의 요청으로 공연 사례를 발표했다. 왠지 모를 뿌듯함을 느꼈다.

9

사정이 있어서 2개월만 하고 음악협회 일을 그만두었다. 음악협회 일을 시작할 때 나는 이왕에 군에서 지역예술사업으로 예산을 쓴다면 좀 괜찮은 공연을 해보자는 생각이었다. 본업이 농부이지만 귀농 이전에 음악과 미술관련 일을 했었고, 시간이 흘러도 연락이 되는 몇몇 연주자들이 있다. 적은 예산으로 나의 인맥을 활용하고 재미있게 기획을 해서 홈런을 한번 쳐보고 싶었다. 생각해보면 태양계의 행성들이 일직선으로 배열된 것처럼, 공연에 필요한 재료들이 내 앞에 다가왔다. 음악협회에서 일을 하게 되고, 군청의 사업을 받았고, 지인 찬스와 코로나19 시대를 맞아 발코니 음악회의 기사를 보게 된 것, 내포의 경남아파트의 부녀회장님의 도움과, 비록 바람이 불어 추웠지만 추운만큼 기억에 남는 멋진 공연, 그리고 방송 촬영과 자연스러운 홍보까지. 방송에 출연을 하다 보니 졸업 후 연락이 끊긴 고등학교 동창이 전화가 왔다. 어떻게 검색하다가 연락처를 알게 되어 전화했다고 한다. 처가가 예산이니 언제 한 번 보자고 했다. 홍동농협 로컬푸드 매장 여사님도 방송을 잘 보셨다고 한다. 확실히 젊은 사람들은 TV를 안보는 것이, 대부분 나보다 연배가 있으신 분들이 알아보셨다. 소정의 출연료와 유명세도 그리 나쁘지 않은 경험이었다.

10

홍성에 처음 농사지으러 내려왔을 때, 나는 농사 이외에는 다른 생각을 하지 못했다. 도시와는 다른 방식의 삶과 환경이 너무도 새로웠고 스스로 먹거리를 만들어서 먹는다는 즐거움과, 농촌에서 만나는 새로운 사람들과의 관계가 내 마음에 가득했다. 소고기도 다섯 점 먹으면 맛이 그저 그런 것처럼 시간이 좀 흐르면서 농촌생활에 적응하고 나서는, 문화 전문가들로 가득한 도시에서는 주눅이 들어 생각조차 해보지 못한 많은 것들을 해보았다. 할머니부터 청년과 아이들까지 함께하는 마을합창단도 해보고 가끔 곡을 쓰다가 노래하는 젊은 친구들과 함께 모여서 음반을 내고 공연도 해보았다. 농촌의 이야기를 중심으로 주변 사람들과 농촌을 알아보는 팟캐스트도 했다.

나는 이론가는 아니다. 마음속에 해보고 싶은 것이 생기면 한번 실행해보는 사람이다. 그럼에도 내 사례를 돌아보며 시골에서 예술이나 문화가 무엇인지 생각한다. 글쎄, 재밌는 무언가를 해보고 싶은 주위의 사람들이 약간의 재주와 경험이 있는 사람을 응원해주면, 아직 그들과 관계가 껄끄럽지 않을 때, 무언가를 같이 해보는 것이 아닐까. 나의 경우를 두고 내 생각은 그렇다는 이야기다. 문화예술이 지속가능하고 이어지고 발전하면 좋겠지만 시골은 사람이 부족하다 보니 어렵다. 그렇다면 욕심을 내려놓고 '추억' 정도로 목표를 설정해보자. 즐거운 추억을 만드는 것, 그래서 시간이 흐른 뒤에 함께했던 사람들과 맥주 한 잔하면서 그때를 추억하는 것, 혹시 후배 중에 누군가가 시골에서 비슷한 것을 해보고 싶다고 한다면 '라떼는 말이야…'라고 하면서 자기 자랑을 늘어놓는 정도는 어떨까. 시도조차 없었다고 하면 문화의 불모지라고 할 수 있겠지만, 예전에 이런 시도들이 있었다고 한다면 누군가에게는 훌륭한 참고자료가 될 수도 있다. 어쩌면 과거보다 더 훌륭한 결과물을 만들 수 있는 후배들이 나타날지도 모른다. 그러길 바란다.

* 혹시 공연에 대해 궁금하신 분들을 위해 방송을 다시 볼 수 있는 방법을 공유한다.
유튜브 주소: https://youtu.be/7BFXEkWT5_Q 혹은 검색창에 '살림남 김가온 홍성'을 입력하면 된다.
공연 전체 영상은 홍성군음악협회에서 제작한 영상을 참고하자.
유튜브 주소: https://youtu.be/qvNrG7iWJyw

협동조합젊은협업농장 실험보고서 4

젊은협업농장과 학습

정민철
협동조합젊은협업농장 상임이사,
본지 편집위원

2020년 평민마을학교가 시작했다. 시작했다는 말보다는, 젊은협업농장·밝맑도서관 등 여러 단체 이름보다 '평민마을학교 활동'을 제일 앞에 내세우기 시작했다는 표현이 더 맞을 듯하다. 몸과 머리의 연결, 학교와 사회의 연결, 농업과 농촌의 연결, 일소공도의 실천, 새로운 학습 생태계 등 지역사회에 떠도는 여러 가치로 포장할 수도 있겠다. 하지만 이 활동은 갑자기 등장한 게 아니라 젊은협업농장의 시작과 더불어 10여 년간 마을에서 시도된 여러 활동의 결과이며, 그 활동에 부여한 이름에 불과하다.

농사짓기를 원하는 도시 청년들이 부딪히는 한계

젊은협업농장을 시작한 초기부터 농장에 찾아오는 사람들이 있었다. 이들의 공통점은 농사를 배우고 싶어한다는 것이다. 농사를 배우기 위해 한 곳 이상 다른 농가를 방문한 경험이 있다는 것도 공통점이다. 가족농이 대부분인 농가의 특성상 가족 이외의 사람이 함께 생활하며 농사짓기는 쉬운 일이 아니다. 특정 시기에 일이 집중되는 논농사나 노지 밭농사가 중심인 농가라면 그 시기에만 노동력이 필요하기 때문에 굳이 상주하는 노동력이 필요하지 않다. 여기서 노동력을 보충하기 위해 청년을 받을 가능성이 높은 농가의 입장과, 농사를 잘 배울 수 있는 교육적 기회를 기대하는 청년의 입장에 차이가 생긴다. 고령의 농민과 청년 사이에는 이런 입장에서부터 생활 문화에까지 다양한 측면에서 큰 차이가 있기 때문에 함께하기가 쉽지 않다. 물론, 이들이 한국농수산대학이나 농업기술센터 등 농업기술을 농장보다 더 전문적으로 알려주는 곳을 찾아갈 수도 있다. 지금 대개의 사람들이 이 경로를 일반적[1]이라 생각한다.

하지만 농사를 배우겠다고 찾아오는 사람들이 이전과 다르다. 보통은 이들을 '청년'이라는 세대로 호명하고 특징짓는다. 이들의 열정과 재능 그리고 사업적 능력을 높이 사며 농민 고령화 문제의 출구나 농업의 경쟁력 강화를 위한 새로운 기회로 바라보기도 한다. 현장에서 바라볼 때, 현재 농사와 농촌으로 진입을 희망하는 청년 세대는 단지 젊다는 긍정적인 면보다 그 세대이기 때문에 가지는 한계가 더 많다.

첫째는, 농사 경험이 전혀 없다는 것이다. 당연하다고 생각할 수도 있지만 이는 큰 변화다. 1970년대 이전 출생한 세대는 청(소)년 시기에 농업을 경험한 사람이 다수였다면, 1990년대 이후 출생한 청년 중에서 어린 시절 농업을 경험한 사람은 찾아보기 어렵다.[2] 청소년 시절 한 번도 경험해 보지 못한 무엇을 청년 시절 어느 순간 실행해 보려는 생각

---

[1] 이는 무엇인가를 배우기 위해서는 학교나 학원 같은 교육전문기관에 입학하는 것이 절차화된 시대적 경험 때문이다. 경험과 시행착오를 통해 무언가를 배운 경험이 없는 사람에게, '농사는 남의 집 머슴살이에서부터 시작해야 한다'는 이전 세대의 경험을 요구하는 것은 무의미하다.

이 떠올랐다는 것만으로도 신기하다. 하지만 그들에겐 선진 농업기술, 예를 들면 생산기술, 유통, 가공 등의 전문기술을 배우기 이전에 농사 그 자체가 무엇인가를 경험할 기회가 필요하다.

두 번째는, 농촌 경험 역시 전무하다는 것이다. 이는 농촌 거주 인구가 10% 이하에 불과한 현재의 상황, 그리고 비록 농촌에 친족이 있더라도 청소년 시기에 이를 경험할 시간적 여유가 없었다는 이유도 있다. 태어나 20~30년간 도시에서만 생활한 청년들의 입장에서 농촌 공간은 너무나 낯설다. 농촌을 이해하지 못하고 농촌으로 진입하는 청년들은, (농촌의 사회적 가치는 고사하고) 단지 도시에서 배운 상업적 접근법으로 공간만 이동해서 실행할 수밖에 없다. 이는 농촌 지역사회 그리고 주민들과 삶의 방식의 차이로 인해 충돌[3]이 발생할 소지가 높고, 이러한 활동이 활발해질수록 농촌의 사회적 의미는 점점 감소하게 된다.

이것 이전에 정착 자체가 불가능한 조건은, 이들의 세 번째 특징인 자본이 없다는 점이다. 농업을 시작하기 위해서는 농지, 농기계, 농업시설 등 많은 자본 투입이 필요하다. 부모님이 농민이라면 물려받을 (비록 임차한 농지라 할지라도) 작은 농지가 있다. 하지만 도시 출신이고, 자본도 없을 경우에는 농사를 시작하는 것 자체가 불가능하다. 그렇기 때문에 이들에겐 그들의 두 번째 한계인 '경험하지 못한 농촌'을 이해

[2] 이전에는 '공부하지 않을 거면 농사나 지으라'는 말이 가능했던 이유가 있다. 대부분의 청소년이 집에서 농사 경험을 가졌기 때문에 농사는 누구나 할 수 있었다. 절대 다수의 사람이 농업에 종사했기 때문에 가능했다. 한때 이 말은 농업을 비하하는 말이라 했지만, 지금은 부러운 말이 되었다. 물론, 청소년 시기에 농업을 경험한 사람일수록 고된 노동의 경험으로 인해 농사를 더 터부시하기도 한다.

[3] 지역성을 알 수 없는 청년 입장에선, 지역성을 합리적 판단의 우선 기준으로 생각하는 주민들을 농촌의 보수성과 폐쇄성으로 이해할 수밖에 없다. 농촌 지역과 무관하게 단일 농장의 수익을 우선하는 농업 역시 농촌 사회를 대상화해서 더욱 피폐하게 만들 가능성이 높다. 충돌을 피하기 위해 지역 주민들과 유리된 상태로 존재할 가능성 역시 높다.

하는 것이 필요하다. 보통 농사는 농촌 마을 내에서 이루어진다. 농지의 임대차와 판매, 농기계의 위탁과 공동 사용 등 농사와 관련된 여러 활동들이 농촌 마을 내의 관계망 속에서 운영[4]되기 때문이다. 그 관계망으로 들어가는 것이 승계농은 선택 사항이라면 새로 농업을 시작하려는 (축적된 자본이 없는) 사람에겐 필수 사항이다. 개인은 농사를 시작하기 위해 마을 관계망으로 들어온다고 할 수 있다. 그리고 농촌 마을 입장에서는 고령화와 인구감소 때문에 한계점에 봉착한 농촌 지역사회를 유지·재생하기 위해서라고 볼 수 있다. 따라서 수익만을 위해 (지역사회와 무관하게) 경영적 농사를 짓는 농민보다 마을 관계망 속에서 농사짓는 농민이 필요하다.[5] 이런 면을 고려하면 신규로 농업에 진입하는 청년의 경로가 무엇인가에 따라 부정적인 것으로 여겨지는 한계들이 긍정적으로 작동할 수 있다. 최첨단 미래 농업기술을 전문적으로 교육하는 농업전문학교나 농업기술센터는 일정 규모 이상의 자본을

[4] 자본을 투자할 경우에는 굳이 지역사회 즉, 마을 관계망을 반드시 필요하지 않는다. 이런 경우는 오로지 농업 경영만을 목표로 농사지을 수 있다. 보통 부모님의 농업을 이어받는 승계농은 부모님이 축적해놓은 자본만이 아니라 수십 년간 축적해놓은 관계망도 함께 물려받는다. 그 이유는 아직 한국의 농업은 상시적으로 외국인 노동자를 고용하는 대규모 공장형 축산이나 기업적 시설하우스를 제외하고, 여전히 마을 관계망 속에서 농사와 더불어 생활이 이루어지기 때문이다. 예를 들어 소농이 아니라 평균 규모 이상으로 많은 농사를 짓는다고 할지라도 농번기에 일손을 구하기 위해서나 유통을 위해서라도 마을 관계망 속에 있을 수밖에 없다. 그럼에도 경영적 농업을 지향하는 농가는 규모와 상관없이 증가하고 있다.

[5] 수십 년간 농업 정책은 농업 경쟁력을 위해 규모화된 전업농 육성을 목표로 펼쳐졌다. 규모화 농업 차원의 성과는 매우 미약하지만 농업과 농촌의 분리 현상은 심화됐다. 농업만으로 생계가 가능(전업농)해야 한다는 목표는 농업 이외의 활동을 병행하던 농민에게 농업과 타 활동 중 하나를 선택하게 유도했다. 이 같은 정책은 농촌 마을에 같이 살아가지만 전업으로 농사짓는 농민과 농사짓지 않는 주민을 분리시켰다. 농민이 경제적으로 부유해지면 농업과 농촌은 당연히 지속될 것이라는 생각은 아직도 일반적이다. 그러나 그렇다고 현재 농업과 농촌이 더불어 생존할 수 있는 것은 아니다. 현재 상황은 농업은 살더라도, 농촌 마을은 공동체가 사라지고 마을이 피폐해지는 기로에 놓여 있다. 즉, 농촌의 지속가능성을 위해서라도 마을 관계망 속에서 농사짓는 농민을 육성해야 할 필요가 높아졌다.

가진 (또는 물려받을 수 있는) 청년에겐 적합[6]하지만 신규로 진입하는 청년에겐 실천 불가능한 현실만을 보여줄 뿐[7]이다.

한계를 극복하기 위한 시도, 마을과 학습을 연결하기

청년들이 함께 농사짓는 젊은협업농장 입장에서도 이것은 큰 고민거리였다. 시설하우스여서 연중 일상적 노동을 요구하는 작물을 재배하고 있다는 점[8], 비슷한 또래들이 갓 농업을 시작한 농장이라는 점, 그리고 협동조합으로 만든 농장이어서 (소유자가 아니라) 모두 참여자라는 생각을 공유할 수 있다는 점 등에서 다른 농가에 비해 청년들이 쉽게 농사에 참여[9]할 수 있기에 첫 번째 한계는 해결할 수 있었다. 하지만 그들이 독립·정착하기 위해서는 두 번째, 세 번째 한계를 해결해야 했다.

6 현실은 이들조차 교육이 쉽지 않다. 일정 규모 이상의 자본을 축적한 대부분의 승계농에겐 이전 기술교육방식이 따분할 뿐만 아니라 새로운 기술을 굳이 적용할 필요가 없다. 현재 상태에서 규모를 확장하는 것이 경영적 입장에선 더 유리하고 안전하기 때문이다. 또한 승계농은 전문기술 교육기관보다 경제적 타산에 잘 맞는 더 현실적인 방안을 알고 있기 때문이다.

7 이를 해결하기 위해 농협을 통해 융자 금액이나 상환 기간을 늘리는 정책이 펼쳐진다. 하지만 현실은 농사를 통한 잉여 수익이 거의 없다. 이런 현실에서 축적된 자본 없이 융자에 의존하는 것은 결국은 원금 상환이 도래하는 시점에서는 사상누각이었음을 청년들은 알아챈다.

8 시설하우스 재배와 같이 일상적 노동이 필요한 재배 형식은 농사를 처음 접하는 청년을 위한 현장 교육을 위해서 적합하다. 그 이유는 1년에 3~4회 재배하는 동안 기본기술을 습득할 수 있고, 일상적 노동으로 농사와 자신의 진로를 빨리 판단할 수 있다.

9 젊은협업농장 초기에 농사를 배우겠다고 들어온 사람들 역시 30대가 중심이었다. 농장 규모는 3~4명이면 충분했지만 참여자는 10여 명에 달했다. 하지만 숙련도 부족, 농업 경험의 부족, 다른 농가에 비해 빈번한 마을일 등으로 동일 규모의 다른 농가에 비해 생산성과 효율성은 떨어졌다. 농장 수익을 농장에서 1년 넘게 일한 사람들에게 동일하게 배분하고, 일한 기간이 1년 미만인 사람들은 농사 수입이 아닌 사업비를 통해 생활을 지원하자는 내부 협의가 있었다. 농장에서 생활하는 기간도 저마다 다르고, 참여하는 시기 그리고 농장 참여 정도도 모두 달라 한해를 계획하는 것

이를 위해 우선, 농장일에 마을일을 포함했다. 마을 내로 농장을 이전[10] 한 것은, 어떻게든 주변 농민 또는 어르신과 만나고 농촌 마을 자체를 경험할 기회를 마련하기 위해서였다. 이와 더불어 몇 가지 논의도 있었다.

첫째는 유통이다. 청년들이 모이다보니 직거래와 꾸러미 같은 새로운 유통 방식을 선호한다. 그럴 경우 굳이 주변 농가와 만날 기회가 적어진다. 그런 폐해를 막기 위해 협업농장은 마을 영농조합(홍성유기농영농조합)을 통한 농산물 유통을 60~70%로 유지했다. 직거래 요청이 많아지고 그런 유통 방식에서 얻는 이익이 높을 수 있다. 그렇다 할지라도 60여 농가가 모여 있는 마을의 영농조합을 통해 유통한다면 주변 농가와 교류를 할 수 있게 된다. 이런 경험과 기회를 통해 지역 문제를 함께 고민할 수 있게 된다고 판단했다.

두 번째는 마을 행사에 모두 참가하고 마을 행사를 만들어 가는 것이다. 대표적으로 장례식을 비롯해서 자원 모으기, 저수지 청소 등의 마을 행사를 농장일로 받아들여 농사일이 많더라도 의례히 참석했다. 마을 행사를 통해 지역 주민과 청년들이 자연스럽게 만날 수 있었다. 특히 주민들에게 식사를 대접한다거나 대보름행사 등은 청년이 없어 사라져버린 행사를 되살려낸 경우다. 또한 청년만의 다양한 행사(영화·음악 등)는 없던 것을 새롭게 만들었다고 할 수 있다. 이러한 활동은

이 불가능했다. 그럼에도 농업과 농촌에 관심 있는 사람에게 자기의 경험이나 재능과 무관하게 농사지어 볼 기회를 제공하기 위해서는 초기 생활비 지원이 필요했다. 가장 큰 버팀목은 삼선장학재단의 '청년활동가 인턴십사업'이었다. 이 사업은 농촌에서 진로를 찾으려는 30대까지의 청년에게 최장 2년간 월 30~50만 원을 지원하는 사업이었다(http://sscare.or.kr/xe/temp_01/1682). 하지만 40대부터는 이런 사업을 찾지 못해 생활비를 지원하지 못하는 경우도 발생했다.

10 젊은협업농장 첫해에는 농장이 주민들이 모여 사는 곳과는 동떨어져 있어, 도산2리 주민들과 만나는 기회가 거의 없었다. 그해 말에 마을 내 현재의 장소로 농장을 이전했다.

청년들과 마을이 만날 접점을 만든다는 점과 함께 농촌 마을을 새롭게 하는 차원에서도 의미를 가진다. 이를 위해서 청년의 주거지를 마을 내에 두었다. 마을 내 빈집을 농장에서 임대하고 청년들에게 제공[11]했다. 청년들이 마을 내 빈집을 활용한다는 점을 강조하는 것이 아니다. 그들이 마을 주민이 되어 배울 기회가 되는, 분쟁[12]이 발생한다는 점이 중요하다. 그 분쟁 과정은 청년 개인의 성장과 더불어 농촌 사회를 배워가는 중요한 기회가 된다.

그것만으로도 부족해서 강좌를 개설했다. 두 명 이상이 모이면 자연스럽게 학습모임이 만들어진다. 농장 사람들 역시 2012년 후반 협동조합 설립을 위해 모임을 만들고, 이후에도 학습모임을 지속했다. 이런 활동은 2013년 진행된 '행복학습지구' 사업으로 표면화됐다. 이전부터 이루어진 학습모임 중 일부를 공개 진행했다. 그 학습모임은 유기농업기술을 공부하는 모임과 장곡면을 배우는 모임이었다. 유기농업기술 학습모임은 일본 현대농업에서 출판된 『유기농업의 기초와 실재』라는 일본어 책을 번역했다. 장곡면을 배우는 학습모임에서는, 장곡이라는 지역을 알고자 했다. 우선 장곡에서 살아가는 사람들과 장곡면과 연결되어 활동하는 사람들을 만나 이야기를 나누었다. 참여자는 젊은협업농장에서 일하는 사람과 홍동면과 장곡면 부근에서 활동하는 청년

---

[11] 이는 농업을 배우기 전에 마을 주민이 먼저 되는 과정이다. 마을 주민으로서 농촌 마을일에 참가하고, 농민으로서 농사일에 참가한다. 이후 학습생으로 평민마을학교에 참가한다. 이 세 가지 존재 방식이 동시에 공존한다는 점이 중요하다. 보통 학교에 입학하면 학생의 신분이 되고, 이후에 마을일과 농사일에 참가한다. 이럴 경우에는 농촌 사회와 농업 현장에 참여한다 할지라도 학생의 입장에서 판단하기 때문에 당사자가 될 수 없다.

[12] 분쟁의 내용은 매우 다양하다. 청년들은 왜 집을 구할 때 부동산이 아니라 이장님을 통해야 하는지, 왜 집주인이 자주 들여다보면서 잔소리를 하는지 의문을 가진다. 이 의문은 기름보일러 수리는 어디에 연락해야 하는지부터, 쓰레기를 분리하고 배출하는 방법까지 끝이 없다. 왜 청년들은 개를 방에서 키우는가라는 마을 주민의 의문은 합의될 수 없는 문명의 충돌이라 할 수 있다.

들이었다. 이런 학습모임은 고등학교를 졸업하고 바로 농장으로 오는 20대 청년들이 등장하면서 더 절실하게 필요해졌다. 젊은협업농장만으로 청년을 성장시키기에는 한계가 있다고 판단되어 2014년에 '해강산 프로젝트'를 진행했다. 주변의 여러 사람과 단체가 함께 마을에서 청년을 학습시키기 위해서였다. 그러면서 2년째[13]를 맞은 '행복학습지구' 사업을 젊은협업농장만이 아니라 밝맑도서관·생각실천창작소·느티나무헌책방 등이 공동으로 진행하는 방식으로 전환했다.

청년들이 생활을 영위하는 장소인 농촌에서 사람들이 가장 많이 하고 있는 농사, 마을을 유지하는 일, 다양한 강좌가 함께 진행되었다. 이 과정에서 삶 공간인 지역사회 스스로가 학습 공간인 학교의 역할을 할 수 있다는 가능성이 보였다. 이런 학습 구조를 지역학교라 부르기 시작한 것이 2015년이다.[14] 누가 어떻게 부르던 강의는 계속됐다. 참가자의 요구에 의해 강좌는 더 많아졌다. 입시를 위해, 그리고 기초과학이 부족하다는 요구에 따라 화학수업이 개설됐다. 연결되는 전문가가 있으면 새로운 강좌가 개설됐다. 강좌가 다양해지면서 농장도 변했다.

---

13 첫해에는 홍성유기농영농조합과 젊은협업농장이 진행했다. 두 번째 해의 사업명은 '농촌인문학하우스'였고, 사진수업 등의 강좌를 추가했다. 첫해 강의는 생미장터의 구석방에서만 진행됐다. 두 번째 해는 밝맑도서관, 생각실천창작소 등으로 교실이 다양해지면서 장곡면과 더불어 홍동면으로도 확장했다.

14 젊은협업농장 홈페이지를 검색하면 2015년부터 지역학교라는 단어가 나오고 이를 과학기술교육대 임세영 교수, 일본 대동아대학의 오바나 교수 등과 만나 설명한 기록이 나온다. 이후 일본 북해도 대학과 닛ککا 대학에서 '지역 기반 일·학습 병행 학습 체계'라는 말로 발표도 하였다.

15 '당연한 것이 아닌가' 생각하겠지만 어려운 일이었다. 자영업에 가까운 농사의 자율성 그리고 계절에 따라 노동시간을 변경해야 하는 농사의 특성상, 흔히 말하는 '해가 져야 마치는 시간'이라는 고정관념이 있다. 주변 농가는 강의를 듣기 위해 오후 4시 30분에 농장일을 마무리하는 것을 많이 타박했다. 한참 일이 많은 봄과 가을, 늦은 오후 시간에 다시 일을 시작하는 여름에 마을 농민들이 보기엔 일을 하지 않고 노는 것으로 보이는 것은 일면 당연하다. 이를 이해시키는 데 몇 년이 걸렸지만 아직도 농번기엔 야단을 맞는다.

강의를 듣기 위한 적절한 조건을 보장하기 위해 농장은 농사일을 마치는 시간을 두었다.[15]

　2015년부터 중고등학교 청소년들이 농장을 찾아왔다. 청소년이나 청년을 대상으로 한 2박 3일 프로그램[16]은 2013년부터 시작했으나, 이때부터는 2주간의 프로그램으로 학교와 협의를 통해 진행됐다. 이것은 농사일과 학습, 마을일이라는 마을 내 학습 체계가 있어 가능했다. 2018년에는 서울시 청년을 대상으로 한 '이주농부프로그램'을 제안할 수 있었다.[17] 마을에 있는 청소년(풀무농업고등기술학교 학생)을 대상으로 진행된 '농진로캠프' 등의 프로그램도 2020년 현장실습 등으로 체계화됐다. 3박 4일 동안 80여 명이 참여하는 이우학교의 농사실습은 여러 농장이 협력해서 단일 프로그램을 진행할 수 있음을 보여줬다.[18] 젊은협업농장의 청년들이 농사를 배워 주변 마을에 농장을 만들어 정착하는 과정과 더불어 이런 여러 활동을 통해 청소년·청년이 농촌으로 진입하는 (배움의) 과정이 (기존의 학교가 아니라) 마을 내 학습 체계를 통해

16　청년을 위한 '촌스러운 일 상상캠프'와 청소년을 대상으로 한 서울 숭문고등학교 모심기 행사를 말한다.

17　청소년·청년 대상 모든 프로그램은 2013년 '해강산프로젝트'와 '마중물붓기' 진행을 위해 만든 청년농부작업장 온과 젊은협업농장이 진행했다. '촌스러운 일 상상캠프'는 홍성의 행복한여행나눔 청년이 2019년부터 받아 진행했고, 다른 프로그램은 2021년부터 평민마을학교가 진행한다 (https://youthhub.kr/wp-content/uploads/2020/11/2018_2020_삶의경로탐색-프로젝트-아카이빙북_새로운-삶의-방식과-진로를-궁리해보는-이주移住.pdf).

18　고등학교 3년 동안 반복해서 진행하는 프로그램이다. 처음은 젊은협업농장을 중심으로 행복농장·정다운농장·옥계열매농장 등, 장곡면과 홍동면의 8개 농장이 이우학교 1학년 80여 명을 대상으로 농사 실습을 진행했다. 다음해 160명이 왔을 때 젊은협업농장을 중심으로 8개 농장이, 장곡면에 있는 정다운농장을 중심으로 다른 8개 농장이 연합해서 프로그램을 진행했다. 프로그램 평가를 통해 이우학교는 고등학교 전교생(240명)을 대상으로 프로그램 진행을 요청해왔다. 청년농부작업장 온이 중심이 되어 장곡면의 젊은협업농장·정다운농장, 홍동면의 환경농업교육관을 중심으로 각 그룹 별로 8개 농장을 연결하고, 고등학교 3년간의 프로그램(실습뿐 아니라 강의와 마을 조사 등을 포함한다)을 공동으로 논의했으나 코로나19로 잠정 중단됐다.

가능하다는 것이 확인됐다. 그러면서 그 경로가 대략 정해졌다.

평민마을학교, 마을 내 학습 체계

평민지역학교라 부르기도 했지만 2018년부터 평민마을학교라 불렀다. 하지만 평민마을학교를 농사일·마을일 그리고 강좌를 통합한 마을 기반 학습 생태계가 아니라 단지 강좌만을 가리키는 것으로 이해하는 사람들이 대부분[19]이었다. 농사일을 중심[20]으로 마을일과 강좌가 (학교 부지가 아니라) 마을 내에서 이루어지는, 즉 마을 자체가 학교가 될 수 있다는 그림을 공식화하는 시도[21]는 2015년부터 시작했다. 충남농업

---

[19] 학교 또는 배움이라 하면 책상에 앉아 머리를 사용하는 것이라는 고정관념 때문이다. 배움의 전환을 목표로 등장했던 대안학교 역시 배움의 목표는 달랐을지라도, 학교 공간을 교육용 학교부지(캠퍼스)라고 한정함으로써 사회와 단절된 학습 생태계를 만들었다는 점은 동일하다. 공간의 폐쇄성은 활동에 한계를 주기 때문에 (기술교육이라 할지라도) 주로 머리를 쓰는 배움을 학습의 중심에 둘 수밖에 없다. 비록 노작교육 등의 중요성은 강조하지만, 이 역시 학교 내 실습지에서 이루어져 전체적으로 보면 부수적인 학습에 불과해진다.

[20] 농촌이어서 농사다. 어촌이라면 어업, 산촌이라면 임업이 될 수 있다. 공단이라면 공업이냐는 물음이 나올 수 있다. 그럴 수도 있지만 공단은 사람들이 모여 사는 곳이 아니라 일하는 공간만 모여 있는 곳이다. 이 공간은 공장별로 분리되어 있더라도 표준화된 기술과 노동법으로 규정된 거의 유사한 조건으로 산업이 이루어진다. 때문에 폴리텍 대학 등 기존의 기술교육 체계를 통해 교육을 받아도 농사와 달리 문제가 발생하지 않는다.

[21] 강의를 통해 이해할 수도 있지만 보통은 눈에 보이지 않으면, 새로운 무엇을 이해하는 것은 쉽지 않다. 특히 기존의 것에 새로운 개념(그림)을 도입하면, 고정관념 때문에 새로운 것을 이해하기는 더 어렵다. 보통 새로운 무엇을 만들었다는 것을 알리는 가장 좋은 방법은 눈에 보이거나 손에 잡히는 보통의 물리적 공간, 즉 건물을 만드는 것이다. 학교를 교정이나 건물 또는 강의나 교사 집단으로 보는 고정관념에서 (마을을 학교 교정으로 그리고 마을 공간 자체를 학교 공간으로 규정하는) 평민마을학교를 바라볼 때 단순히 강좌라고만 이해하는 것은 일면 당연하다. 그러니 조직을 만들고 운영해 갈 긴 시간 동안 기존의 학교와는 아주 다른 마을 내의 학습 체계를 '평민마을학교'라는 이름으로 계속 부르다 보면, 철학자 김영민의 표현대로 '물듦'을 통해 이해할 수 있게 될 것이다.

기술원과 함께 기획한 '청년농부인큐베이팅' 사업, 귀농귀촌종합지원센터와 함께 기획한 '청년장기귀농교육' 사업, 홍성농업기술센터와 함께 기획한 '청년농부플랫폼' 사업이 평민마을학교를 공식화해보려는 시도였다.[22] 하지만 진행하지 못했다. 2019년 홍성군의 지역발전투자협약 기본 계획을 수립하는 라운드테이블에서도 청년농부를 육성하는 체계를 만들어야 한다는 제안이 나왔다. (청년농 양성 빅텐트 구축 및 운영 지원, 네크워크 시범 사업) 이 제안 역시 동일한 목적이고 2020년 하반기부터 시작했다. 평민마을학교의 특성은 크게 일곱 가지 정도로 정리할 수 있다.

지역사회(마을)가 학교의 역할을 할 수 있다

마을이 청(소)년의 학습을 위해 힘을 모아 근대적 학교를 100년 전에 만들었다. 장곡초등학교와 홍동초등학교는 내년(2022년)이면 100주년이 된다. 이후 마을은 교육을 잊어버렸다. 학교와 지역사회(마을)는 완전히 분리됐고 학교는 사회로 진출하기 위해 준비하는 곳이 아니라, 상급학교로 진학하거나 취업을 준비하는 곳으로 (교육인적자원부의 교육과정에 서술된 멋진 교육 방향과 달리) 목적이 바뀌었다. 학교의 교육 목표가 바뀐 것이 아니라 사회가 사라져버린 것일 수도 있다. 하지만 농촌에는 여전히 마을이라는 지역사회가 (위태위태하지만) 살아있다. 농촌 학교에게 변화를 요구하는 시대는 지났다. 그러니 사람마다 해석이 분분한 '마을'이라는 단어가 들어간 교육 공동체가 강조되는 듯하다. 학교에서 지역사회를 알려줄 수 없다면 지역사회가 학교의 역할을 할

---

[22] 농림부·충청남도와 함께 기획한 '친환경청년농부육성' 사업 역시, 동일한 목적으로 시군별로 멘토 영농조합(홍성군의 경우 청년농부영농조합)을 만들자고 제안했다. 기획한 사업은 모두 진행됐지만 여러 이유로 원래 방향과 다르게 진행되었다.

수 밖에 없다. 학교가 지역성을 가질 수 없다면 지역사회가 교육력을 키울 수밖에 없다. 농촌 마을이라는 사회는 그 많은 농장이, 그 다양한 세대가 그리고 그 복잡한 관계들이 있다. 그 속에 있는, 그리고 일어나는 모든 것이 배움의 기회다. 이를 경험하게 하고 안내하는 과정이 학교다. 평민마을학교의 '마을'은 하나의 리나 면 이름과 일치시킬 수 없다. 이 '마을'은 장곡면과 홍동면 공간의 일부가 연결되는 상상의 마을이다. 그 공간(마을)에서 일어나는 일이 여타의 농촌 사회와 다를 리 없다. 이제 농촌 마을이 농촌 학교의 역할을 해야 한다.

학생이나 교사가 아니라 모두 주민이다

학교에 들어오면 학생이 된다. 그러나 평민마을학교는 학생이 아니라 주민이 먼저 된다. 왜냐하면 (학생을 위한 별도의 공간이 아니라) 마을에 숙소를 두면서 마을 주민이 되기 때문이다. 학교와 관련된 사람에게 인사하기 전에 (전부는 아닐 지라도) 마을 사람들에게 먼저 인사를 하게 된다. 아니, 학교와 관련된 사람조차 마을 주민이니 학교 생활과 마을 생활이 구분되지 않는다. 마을 주민이니 당연히 마을일에 참가한다. 마을 주민들은 당연히 이들을 학생이 아니라 주민으로 대할 것이다. 주민이 된다는 것은 사회로 진입한 것이다. 주민이 된 상태에서 농사를 배운다. 농사를 배우러 별도의 공간으로 이동하는 것이 아니라, 마을에 있는 농장에서 마을 사람에게 배운다. 그러니 마을에서 살아가는 주민·농민과 다를 바가 없다. 지역 사회로 진입하고 주민이 된 상태에서 또, 학습생이 된다. 왜냐하면 농촌 사회는 처음이어서 이해되지 않는 것이 많기 때문이다. 농촌 사회를 배우기 위해 농촌사회학 이론이 필요한 것은 아니다. 사회에서 맞닥뜨릴 삶과 생활 속에 일어나는 분쟁을 이해하고 해결해나갈 지혜가 필요하다. 어쩌겠나. 강의하거나 강의를 안내하는 사람이 모두 주민이다. 커리큘럼에 맞추어 주민을 구성할 수 없다. 주민에 맞춰 커리큘럼을 만든다. 용케 한 분야의 전문가가 마을에 머문다면 그에게 강의를 부탁할 수 있다. 그러니 배움의 종류는 상황에 따라 다르다. 사회와 삶을 배우는 데 무슨 커리큘럼이 있겠는가? 한 강좌의 강사가 다른 강좌의 학습생으로 참가한다. 강좌 내용은 비록 청년을 기준으로 하지만, 주민이면 누구나 강좌에 참가할 수 있다. 그러니 학생과 교사라는 관계가 없다. 선생님은 호칭에 불과하다.

시작과 끝이 없다

학력은 학습능력을 말한다. 학습능력은 배우는 능력이나 배움의 욕구일 것이다. 그러니 배움의 공간인 학교를 오래 다닐수록 배우는 능력이 증가해야 한다. 일반적으로 학력을 평가할 때의 기준은 최종 졸업장이다. 하지만 학교를 오래 다닐수록 배움의 욕구(배우는 능력)는 줄어든다. 무언가를 배우기 위해서는 학교(학원)에 가야 한다는 강박관념은, 그곳을 벗어나면(학교에서 사회로 나오면) 배움을 멈춰도 된다는 반대 방향의 결론으로 이어진다. '평생학습'이라는 말이 등장한 지 수십 년이 되었는데도 여전히 나열하는 학교 종류만 많아지고 역시나 졸업장이 목표가 되고 있다. 무언가 배우기 위해 찾아갈 지역사회가 있다면, 학교가 아닌 사회에서 배운다면 사회 안에서 사는 동안 (평생) 학습할 수 있다. 물론 더 집중적으로 배우기 위해 학교에 진학할 수도 있다. 사회 내에 배움의 구조를 만든다면 굳이 입학 시즌이 필요 없다. 사회는 아무 때나, 언제나 마음이 동했을 때 들어올 수 있다. 입학이 아니라 '입사회'이다. 졸업 역시 필요 없다. 사회를 졸업한다는 것은 없기 때문이다. 아마 스스로 충분히 배웠다고 속단했을 때나, 배운 것을 사회에 바로 적용해야 할 정도로 바쁘거나 다른 사회로 옮겨갈 때 학습은 중단될 것이다. 이것은 졸업이 아니라 중단이고, 따라서 필요하다면 언제나 복귀할 수 있다. 그 사회는 계속될 것이기 때문이다. 그 사회가 소멸하는데 학교만 유지될 이유는 없다. 시작할 때의 사정이 사람마다 다를 테니 중단하는 시기도 다를 것이다. 2년이나 4년을 배우면 졸업하는 것이 아니다. 평민마을학교는 입학과 졸업이 없는 지역사회 학습 체계이다.

학교는 없다

학생을 위해 교사가 필요한지, 교사를 위해 학생이 필요한지 의문이다. 연말이 되면 교사는 학생을 모집하기 위해 이러저리, 안절부절 쫓아 다닌다. 학생이 없으면 학교가 필요 없어지고 학교가 없으면 교사는 존재할 수 없으니, 교사를 위해 학생이 필요한 것이 맞는 듯하다. 한때 풀무학교가 홍동면 발전에 큰 영향을 주었다는 말을 듣고, 도통 학교라는 것이 구체적으로 무엇을 지칭하느냐고 질문한 적이 있다. 학교를 이루는 것은 학교 건물이나 토지, 학생·교직원·이사회·학부모·졸업생 등이 있을 건데, 이중 무엇이 지역사회에 영향을 주었냐는 물음이었다. 여러 답 중에 '졸업생'이라는 의견이 제일 울림이 있었다. 학교를 졸업한 사람이 사회로 나가 행한 행위로 지역사회가 변했을 가능성이 가장 높기 때문이다. 그 졸업생의 모습을 보고 학교를 평가했을 것이다. 보통 농업학교는 학교 건물(교실), 교사(일반교과와 실습교과 담당)와 실습지를 기초로 기숙사·식당 등 부대시설이 있다. 평민마을학교의 교실은 마을의 여러 활동 공간(밝맑도서관·오누이센터·생각실천창작소)을 이용하고, 교사는 주민(일반교과는 주민, 실습교사는 주민인 농민)이고, 실습지는 마을의 농장이고, 기숙사는 마을 사람들이 사용하던 농가를 임대해서 수리한 것이고, 식당은 마을의 공동 식당이다. 지역사회 자체가 학교가 된다 함은 학(습)생과 졸업생이 통합되는 것이다. 졸업이 없으니 졸업생은 없고 '학교를 다닌 경험이 있는 주민'이라 말하는 것이 맞다. 그렇게 되면 학교 자체가 지역사회의 변화와 함께할 수 있다. 학교만을 위해 존재하는 사람은 없기 때문에 학생의 유무는 중요하지 않다. 새로 들어오는 학(습)생이 없더라도 원래 하던 농사일과 마을일은 당연히 지속되고, 마을에 살아가는 주민이 된 사람들에 의해 강좌는 여전히 지속된다.

몸과 머리의 통합

평민마을학교에 처음 참여하는 사람에게 요구하는 것은 세 가지이다. 첫 번째는 농장을 선택하는 것이다. 농사가 가장 기본적인 일이다. 농장을 먼저 선택하고 평민마을학교에 참여하는 학습생도 있고, 여러 농장을 경험하고 자기에게 맞는 농장을 선택할 수도 있다. 농장에 따라 농사일의 강도는 다르다. 농장 확정 후 농장 주변에 숙소를 결정한다. 숙소를 결정한다는 것은 앞에서 말한 대로 숙소가 있는 마을 주민이 된다는 것[23]이다. 마을 주민이기 때문에 마을일에 참여하는 것은 당연하다. 마을 사람들에겐 당연한 일이지만 청년에겐 생소한 일이다. 마을일을 통해 더 주민이 되는 것도 있다. 마을일에 참여하는 것 역시 농장과 마을의 관계에 의존한다. 세 번째는 강좌[24]에 참가하는 것이다. 매일 초저녁에 강좌가 열린다. 이로서 일소공도, 몸과 머리가 함께 이어진다. 이외에도 개인적 필요에 따라 마을에서 열리는 다른 다양한 활동에 참여한다.

---

23 쉽지는 않다. 농장이나 숙소의 위치가 어디냐에 따라 상황이 다르다. 마을일에 자연스럽게 참여하기 위해서는 우선 농장 자체가 마을 소속이 되어야 하고, 숙소 역시 마을 사람들과 관련된 곳이어야 한다. 당장은 아니라도 마을일에 참여할 수 있는 구조를 만들어가야 한다.

24 자세한 내용은 평민마을학교 홈페이지의 평민강좌 소개(https://commulearn.org/lec_s/)를 참조.

새로운 농민, 마을농민의 등장

학교라면 무릇 목표가 있어야 한다. 학교의 존립이 목표는 아니다. 평민마을학교의 목표는 농민을 양성하는 것이다. 농민이라 부르지만 이는 단일한 하나의 집합이 아니다. 농민은 여러 기준으로 구분된다. 규모에 따라 소농/대농으로 구분하기도 하고 자본 소유에 따라 가족농/기업농으로 구분한다. 또 수익 구조에 따라 전업농/겸업농으로 구분하거나 재배방법에 따라 관행농/유기농으로 구분한다. 단지 빨리 농사일만 배우려는 사람[25]도 있다. 하지만 평민마을학교 내용에 마을일을 포함한 이유는 지역사회(마을)와 함께 성장하는 농민을 양성하는 것이 목표이기 때문이다. 마을은 청년의 자립을 도와주고, 청년이 고령화된 농촌의 지속가능성에 역할을 하길 바라기 때문이다. 개별 농장의 경영적 수익이 증가한다고 농촌 사회의 지속가능성이 높아지는 것이 아니다. 단지 개인적 생계와 경제적 이익만을 목표로 한다면, 현 상황조차 감당하기 어려운 농촌 사회가 할 수 있는 일은 없다. 개별 농장과 마을의 성장이 함께하는 농민(마을농민)이 절실하다. 점점 사라져가는 마을농민이 새롭게 등장하기를 바라는 것이 평민마을학교의 기본 목표[26]이다.

배움의 공간과 기회는 확장된다

평민마을학교에 참여하는 농장이나 농가는 현재 겨우 4~5개에 불과하

---

[25] 평민마을학교에 참여하지 않고 농사일에만 참여할 수 있다. 농장마다 다르지만 젊은협업농장은 마을일을 농장일로 포함했기 때문에 당연히 마을일에 참여한다. 농사를 통한 자립을 목표로 하는 청년은 농촌의 여러 일이나 학습보다 농사일만 참여하는 경우도 있다.

[26] 이 말을 하면 많은 경우, 농민이 되지 않으면 어떻게 하냐는 질문을 한다. 대학에서 전공을 선택하고 공부해도 자기 전공을 찾아가는 비율은 얼마 되지 않는 것이 현실이라는 말로 답을 대신한다. 농업·농민·농촌을 위해서라도 농업을 기초로 주변에 농사를 경험한 다양한 직종의 사람들이 배치되기를 바란다. 어쩌면 농민이 되는 것이 가장 어려운 시대이다.

다. 청년의 개성이 다양한 만큼 더 다양한 형식의 농장, 다양한 작목을 재배하며 청년에게 농사를 알려주려는 농장이 참여하기를 희망한다. 이는 농산물을 생산하고 판매하는 것과 더불어, 농업이 지역사회를 유지하고 발전시켰던 사회적 역할을 재생하는 것이다. 지역사회에 있는 여러 시설 중 활용도가 낮아지는 공간을 청년을 위한 교실 등의 공간으로 재생하는 것도 필요하다. 농장과 교실을 더 넓게 확장하는 것은 학교의 규모를 키우려는 것이 아니다. 한정된 공간에서 생활하고 도시에 가서 휴일을 보내는 청년에게 더 다양한 마을, 더 다양한 사람을 만나게 하려는 것이다. 만나서 알아야 더 깊이 마을로 들어올 수 있다. 마을의 많은 단체들이 개별적으로 진행하는 세미나와 특강 등이 평민마을학교를 통해 공유되어 청년들이 더 다양한 마을 행사에 참석하기를 바란다. 평민마을학교는 청년 학습을 목표로 하지만, 더 넓게 마을 주민과 연결되어야 한다. 이는 평민마을학교가 규모를 키워 활동 범위를 확장하는 것이 아니다. 마을 주민과 활발히 활동하는 여러 단체와의 연계가 확장된다는 뜻이다. 이로써 학교가 마을의 구성원이 된다.

평민마을학교는 새로운 것이 아니다. 필자가 2009년 8월 20일에 써서 보낸 메일에는 다음과 같은 글이 있다.

다음 주부터 홍순명 선생님께서 마을 강좌를 시작하십니다. 마을 사람 몇과 전공부 학생 몇이 홍선생님과 공부를 하는 모임입니다. 여러 우여곡절이 있지만, 홍선생님께서 강좌의 1번 주자가 되시면 좋겠다고 말씀드렸습니다. 홍순명 선생님의 '농민교양국어', 백승종 선생님의 '농민교양역사'가 진행되면 "그 나라의 역사와 말"로 농촌을 새롭게 하려던 이찬갑 선생님의 뜻이 학교를 벗어나 50년 만에 마을로 나가

게 되는 것이 아닐까라고 의미를 부여해봅니다. (전공부) 학생들에게도 '왜 학교에서 수업을 만들고 마을 사람들에게 오라고 하는가? 이제는 마을에서 수업을 만들고 학생들이 (마을로) 나가서 배우는 방식이 시작되었다'고 말했습니다. 풀무학교의 시작이 그랬듯이 이 강의 역시 마을 몇 사람과 소수의 학생으로 시작하지만, 지역 문화의 작은 씨앗이 되기를 바랍니다.

'평민강좌'라 부른 이 시도는 밝맑도서관이 설립되고 몇 년간 지속되다 사라졌다.

벼림

농업·농촌·농민 연속좌담 6

기후위기와 농사

농업·농촌·농민을 둘러싼 당면 문제를 해결하기 위해 농민·주민·활동가·
연구자 등이 모여 서로의 관점을 교차시키며 깊이 연속해서 토론합니다.
그동안 국가와 정책결정자들의 관점에 의해 틀지어져오던 농촌 문제의
숨겨진 세부를 재발견하고, 그 문제들을 해결할 보다 정밀하고 통합적인
사유와 자율적인 실천의 장을 준비합니다.

기후위기와 농사

참석 | 강마야, 금창영, 김정섭, 정민철
사회 | 금창영
녹취록 | 오선재, 장유리, 금창영
때 | 2021년 1월 19일 오후 4시~6시 30분
곳 | 충남 홍성군 홍동면 홍동밝맑도서관

금창영 2~3년 전부터 기후위기와 관련한 이야기들이 본격적으로 나오기 시작했습니다. 자료를 찾아보니 농업계에서도, 농촌진흥청 기후변화평가과에서 2010년 초반부터 이상기후가 일반화되었다는 이야기를 했습니다. 하지만 기후위기를 조직적인 차원의 문제가 아닌 개인이나 개별 작물의 피해 원인 정도로 생각하는 경향이 강했습니다. 사실 기후위기의 시급함을 인식한다고 해서 마땅한 대안이 나올 수 있는 것이 아니니, 애써 외면한 측면이 강하다고 보여집니다. 하지만 최근에 전 지구적으로 기후위기를 이야기하고, 농촌 현장에서도 그 피해가 가시화되면서 주목받고 있습니다. 이에 등장하는 대안들을 거칠게 분류하면, 농촌진흥청을 중심으로 한 종자개량과 관개수로 정비,『녹색평론』에서 주장하는 소농·생태농, 일부 농민들의 농생태학과 보존농업, 도시농업에서 말하는 퍼머컬쳐 정도가 있습니다. 오늘은 기후위기와 농사에 대한 이야기를 현장에서 어떻게 바라보면 좋을지와 기후위

기에 대응하는 기존 연구를 살펴보겠습니다. 또 현장의 농민들이 농사 과정에서 고민해야 할 부분, 가능성과 문제점 등을 이야기하도록 하겠습니다.

기후위기와 농촌의 대응

강마야 흐름을 보면 이런 얘기가 나온 2000년대 중반부터 다른 산업 분야들은 열심히 준비를 한 거 같아요. 특히 최근에 SK가 계열 업체부터 RE100[1]을 하는 하청업체까지, 탄소중립 기업 제품만 쓰겠다고 한 걸 보면요. 다른 산업 분야는 어쨌든 기후위기 문제가 나중에 자본과 연결될 걸 알고 미리 준비를 한 거 같아요. 모든 기업이 탄소를 줄이는 추세로 가고 있는데, 농업은 그런 논의를 할 때 적극적으로 개입하지 않은 거 같아요. 농업은 탄소배출 기준도 미미했고요. 일반 기업은 탄소를 낮추려 노력해서 이제는 가시화되고 있어요. 반대로 농업은 조만간 축산과 비료, 이런 것들에서 영양소를 과하게 쓰는 방식 때문에 전 국민적 차원에서 그 문제점이 부각되는 추세로 가지 않을까 싶습니다. 농업계 전체를 볼 때 아쉬움이 있어요. 너무 소극적으로 대응해오지 않았나, 뒷짐 지고 쳐다봤던 게 아닌가 하는 생각이 듭니다.

금창영 『플랜 드로다운』[2]이라는 책이 있어요. 과학자들이 기후위기를

---

[1] '재생에너지Renewable Energy 100%'의 약자. 2050년 이전에 필요한 전력의 100%를 재생에너지로만 충당하겠다는 기업들의 자발적인 약속이다.

[2] 폴 호컨, 『플랜 드로다운: 기후변화를 되돌릴 가장 강력하고 포괄적인 계획』, 이현수 옮김, 글항아리사이언스, 2019.

극복하는 방법과 그 중요성을 순위로 매겨놓은 책입니다. 25개 순위 중에서 농업/임업/자연계와 관련한 내용이 14개입니다. 그만큼 농업 부문이 비중이 높고, 그래서 해야 할 일이 많습니다. 기본적으로 농업은 자연적이고 생태적일 거라는 이미지, 그리고 기후위기가 오면 가장 피해를 받을 수 있는 분야라는 이미지가 있어요. 말씀처럼 농촌의 느린 대응이 장기적으로 문제가 될 것이기 때문에 지금이라도 고민해야 한다고 생각합니다.

강마야 농작물 재배는 탄소배출원임과 동시에 흡수원이므로, 배출량이 일부분 상쇄되잖아요. 때문에 배출을 줄이려는 노력보다 흡수(감축)하는 전략을 강조하려는 면이 있다고 봅니다.

김정섭 관심들이 없었던 거예요, 사실은. 작년(2020년)에 저도 연구과제 때문에 검토해봤는데, '기후위기에 대응하는 농업'에 관해 쓸 만한 자료나 제안을 내놓은 연구가 거의 없었습니다. 그런 상태에서 어느 날 대통령이 탄소중립을 선언을 해버린 거예요. "어라? 큰일 났다. 농업은 어떻게 하지?"라며 곤란한 상황이 된 듯합니다. 2050년에 탄소중립을, 즉 온실가스 순배출량이 '0'이 되도록 하겠다고 했는데…. 농업 쪽에서 어느 정도 온실가스가 배출되는지를 따진 추정치가 있기는 합니다. 그런데 그 수치를 신뢰하기 어렵습니다. 그런 추정치가 있다 해도, 농업 분야에서 온실가스 배출을 줄이려면 어떻게 해야 될지에 관한 논리가 있어야 할 텐데요. 그런 논리 없이 일단 목표치부터 던진 것이지요. 여담이지만, 그래서 저는 작년에 연구보고서 쓰기가 편했습니다. 당장 2021년부터 농업 분야의 온실가스 배출 목표치를 설정하고 방책을 연구해야 한다고 결론만 쓰면 되니까요. 그랬는데, 얼마 전 언론 보도를 통해서 발표되었지요. 농림축산식품부도 '2050 탄소중립' 선언에 대응하기 위해서 올해 연구를 추진하겠다고요.

금창영 정작 대응할 그룹은 있나요?

김정섭 농업 부문에서 대응해야 할 부분을 크게 두 가지로 나누어 생각해야 할 겁니다. 첫째는 기후변화가 극심해지니까 농사짓고 사는 농민들이 굉장히 큰 위험부담에 노출되리라는 예상에서 출발합니다. 특히, 작년 같은 경우에 재해가 너무 심했습니다. 전남 나주 같은 곳에서는 봄에 냉해를 크게 입어서 배를 평년에 $1/10$밖에 수확하지 못했다는 말이 있을 정도입니다. 봄에 배꽃이 다 얼어서 그렇게 된 것이지요. 이런 상황에서 농민들이 당장 먹고살아야 하는 문제를 어떻게 할 것이냐는 거죠. 둘째는 더 중요한 건데, 농업 부문도 이산화탄소 등 온실가스 배출을 줄여야 한다는 압력을 많이 받을 것이라는 예상에서 출발합니다. "온실가스 중 무엇을, 어떻게 줄일 수 있지? 어디에서 온실가스가 나오는 걸까?" 이런 물음에 대한 답을 다 찾아야 해요. 몇 가지 심증이 가는 부분이 있기는 한데…. 원인을 안다고 해서 해법이 쉽게 나오는 것은 아닙니다. 사람이 왜 아픈지 알았다고 해서 치료법이 자동으로 나오는 게 아닌 것과 마찬가지입니다. 앞에서 말한 것 중에 둘째 부분에서 걱정되는 게 많이 있습니다.

금창영 두 분께서는 연구자이시니 기후위기와 관련해서 정책적인 대응에 관한 얘기해주신 것 같습니다. 저는 농사짓는 입장에서 근원적인 이야기를 하고 싶어요. 사실 농사지으면서 날씨가 내 원하는 대로 되는 해가 몇 해나 되겠습니까? 원래 어르신들이 날씨가 예전 같지 않다는 말을 입에 달고 살기 때문에 신빙성은 크지 않습니다. 늦은 태풍이 불어도 사람들은 사과나 포도를 먹잖습니까? 심각하지 않아서가 아니라 일상화되어서 사람들이 심각성을 느끼지 않는 부분도 있는 듯합니다. 다만 현장에서는 관수시설이 있는 대규모 농지를 구하는 경우가 급격히 늘고 있습니다. 친환경으로 생협에 납품하는 청년들이 1000평, 2000평 대단위 시설을 구하더군요. 무료로 농사를 지을 수 있지만 관수시설이 없으면 빌리지 않아요. 모든 작물의 품위를 맞추기 위해 관수시설로 재배 환경을 제어하기 위한 것이지요. 덧붙이자면, 기후변화로 농사가 안 되는 작물들이 생겨나기 시작해요, 콩이나 잡곡류들. 연말에 씨앗을 수집하러 가면 예전에는 할머니들이 아낌없이 퍼주셨거든요. 요즘은 되게 박해졌어요. 씨앗을 거두는 게 점점 불안해지는 거죠. 저도 농사지으면서 사정이 힘들어졌다는 것에 공감하고 있습니다. 하지만 중요한 것은 6월이 되면 또 심는다는 거예요. 콩 심고 팥 심고. 불안감이 직접적인 농사법의 변화로 이어지지는 않는다는 이야기를 하고 싶습니다.

강마야 환경에 적응을 해버린다는 거죠. 기후위기 문제를 극복하거나 해결해보겠다는 태도보다는, 그것에 맞추어 소득 작물을 바꾸는 거죠.

금창영 작물을 바꾸거나, 관수시설 재배방식으로 바꾸거나요.

강마야 그건 또 어르신들은 못 하시잖아요. 젊은 사람들이 하는 거고. 저는 시설 재배가 고도의 숙련된 경험과 기술, 장비와 시설 같은 고정자본, 지역에서 부채를 감당할 수 있을만한 배짱과 담보 능력이 있는 분들 중심으로 편중될 거 같아요. 더불어 실패할 가능성도 있으니 재해보험이나 정부보조 의존성이 심화될 수도 있다는 생각이 들어요. 농민들이 기후변화를 극복하기보다는 적응하는 활동을 하면서 따르는 위험부담은 재난지원금이나 재해보조금에 의존하게 되죠. 그러면 세금이 기후변화에 공적자금으로 투자되어야 하고, 국민들의 납세 문제로 귀결됩니다. 그럴 때 '너희들은 노력하지 않는다'는 국민적 비판으로부터 농민들이 자유로울 수 있을지 우려됩니다. 제가 앞질러 나가는 것일 수 있습니다만요.

금창영 농촌진흥청을 비롯한 기관에서 '지속가능한 농업'이라는 키워드를 치면 꽤나 많은 연구 자료가 검색됩니다. 그 내용은 생산성 유지나 식량 증산, 자원화와 관련된 품종 개발, 스마트팜 시설 지원입니다. 연구 내용의 근거는 데이터입니다. 이런 연구 내용들은 이미 기존의 데이터를 바탕으로 만들어집니다. 농업 연구의 틀거리 자체가 이런 방식으로 견고하게 짜여 있어요. 그러다보니 기후변화처럼 전적으로 새로운 문제에 무관심한 연구계 내부의 자기완결적 논리에 갇혀 있어요.

저탄소 농사를 짓기 위해 필요한 세부들

김정섭 기후변화와 관련해서 제출된 대안 중, 스마트팜에 대해 냉정하게 따져본 경우가 없습니다. 기후변화에 초점을 둔다면, 농업 쪽의 핵심 문제는 이산화탄소나 메탄 같은 탄소기반 온실가스 배출을 저감하는 일입니다. 전자로 제어하는 유리온실 스마트팜 시설에서 농사지으면, 그 스마트팜 자체로는 탄소배출을 줄일 수 있을지도 모릅니다. 그런데 스마트팜 시설을 짓는 데 얼마나 많은 석유를 쓰겠습니까? 가동할 때도 전기를 쓰는데, 우리나라는 아직은 주로 화력 아니면 원자력에 의존해 전력을 생산합니다. 전체적으로 에너지 수지balance를 따져보면 이산화탄소 배출이라는 측면에서는 적자인 것이 분명해 보입니다. 그런데 따져보지도 않고 딱 잘라서 흑자라고 해요. 스마트팜으로 이산화탄소 배출을 막는다고 얘기하는 건 어불성설입니다. 농업과 관련된 초기 단계, 즉 농사짓는 방식에서부터 따져보아야 합니다. 불행하게도 우리나라에는 그렇게 살펴본 자료가 거의 없습니다. 자료는 없지만 확실한 건 있어요. 현재 한국 농업은 전체적으로 보아 온실가스 배출 측면에서 적자 상태라는 겁니다.

금창영 적자라는 게 무슨 뜻인가요?

김정섭 식물은 낮에 광합성을 하면서 이산화탄소를, 즉 탄소를 흡수합니다. 밤에는 호흡하면서 이산화탄소를 배출하지요. 그리고 식물은 성장합니다. 줄기가 자라고 뿌리가 커지고 열매를 맺습니다. 1년을 놓고 보면 이산화탄소를 흡수해서 줄기나 뿌리나 열매에 저장하는 탄소가 공기 중에 배출하는 탄소보다 더 많습니다, 흑자인 거죠. 기본적으로 농업은 탄소배출 측면에서 흑자여야 합니다. 그런데 농업이 이루어지는 농경지가 탄소배출 흑자라고 인정받지 못합니다. 탄소배출에서 흑자라고 평가받는 유일한 장소가 산림이에요. 산림만 탄소흡수원이라고 얘기해요. 농지는 흡수원이 아닌 배출원인 거죠. 이론적으로는 흡수원이어야 합니다. 작물 성장 과정에서 이산화탄소를 흡수하는 양이 배출하는 양보다 더 많기 때문이지요. 그런데 왜 흑자라고 말할 수 없냐면, 농사짓는 방식 때문에 그렇습니다. 농사지으면서 여러 가지 자재·비닐·기름·전기 등을 씁니다. 그런 식으로 다른 곳에서 탄소를 끌어다 사용하는 과정에서 이산화탄소가 발생합니다. 이 점을 고려하면 마이너스(-)라는 거죠. 아주 옛날 방식대로 농사를 지으면 흑자일 겁니다. 비닐하우스 안 하고, 기름 안 쓰고, 전기 안 쓰면 그럴 것입니다. 지금, 농업 부문의 기후위기 대응 문제가 불거진다면, 당장 부딪힐 문제 중 하나가 '면세유'일 겁니다. 탄소배출을 제로(0) 상태로 만들어야 한다며, 모든 부문의 사업체들이 에너지를 절약하는 쪽으로 움직이는 상황이니까요. 농업 쪽에서도 면세유를 철회하겠다는 이야기가 나올 거예요. 이미 농업용 전기 이야기도 나오고 있잖아요.

강마야 농업용 전기료 인상 이야기가 나오고 있지요.

김정섭 사실 농업용 전기료 인상 문제는 제조업 분야와 견주어봐야 할 문제입니다. 제조업에서 쓰는 전기료도 싸거든요. 아무튼 압력을 받는 거예요. 전기 덜 쓰고, 비닐 덜 쓰면 되겠지요. 문제는 농민들이 정말로 그렇게 할 수 있냐는 거예요. 비닐하우스에서 농사짓는 건 이유가 있습니다. 일 년 동안 여러 번 작물을 재배할 수 있고 수확량이 많아서 비닐하우스 농사를 짓는다고 하지만, 다른 이유들도 중요합니다. 노지보다 비닐하우스가 기상이변에 대응하기 쉽습니다. 병충해 문제의 경우에도, 비닐하우스가 훨씬 유리하거든요. 그런 이유들이 있는데, "탄소배출 생각해서 비닐하우스 말고 노지에서 농사지읍시다"라고 말하기가 쉽지 않습니다. 어지간해서는 감당 못할 이야기예요, 밭농사에서는. 사회 일각에서는 "농민들이 비닐 쓰고, 트랙터 쓰고, 밤에 전기 써서 탄소배출을 늘리고 있는데 못하게 합시다"라는 이야기가 나오는데, 농민들 입장에서는 "그러면 네가 농사지어봐라, 그게 쉬운 일인가"라고 하지 않겠습니까? 저는 이런 부분이 가장 심각한 문제라고 봅니다. 사실 농사 방식을 바꿔야 하는데 그게 정말 고통스러울 수 있습니다.

금창영 농사 방식을 바꿔야 한다는 부분에 대해 동의하지 않는 사람은 없겠죠.

강마야 그런데 농민 입장에서 수용이 어디까지 가능한가요? 소비자들도 대응을 해야 하는데.

금창영 기후위기와 관련된 대부분의 글에서는 결론적으로 공감과 연대가 답이라고 해요. 지금 김선생님 얘기에 많은 사람이 동의하겠지만, 현장의 농민들에게 그런 부분을 설득하기는 쉽지 않을 겁니다. 그런데 농민들에게 접근할 때 '당신들이 탄소배출을 줄이면 수치화해서 보상을 주겠다'는 건 연구자의 생각 같아요. 이렇게 접근하면 농민의 대응은 '네가 농사 안 지어봐서 그래'일 겁니다. 접근방식 자체가 대단히 중요해요. 농민들에게는 기본적으로 두 가지 생각의 축이 있지요. 한쪽 축은 많이 생산하고 돈 많이 벌 생각해요. 또 다른 축은 가능하면 농약 덜 치고, 건강한 땅에서 환경친화적으로 농사지을 생각해요. 이런 부분들을 세밀하게 볼 필요가 있습니다. 농민들은 '그냥 소비자들이 원해서 농약 쳐'라고 표현해요. 그들에게 철학이나 의지를 가지고 농약을 치지 말라고 할 수는 없는 거죠. 그렇다고 친환경농사를 짓는 이에게 직불금을 주는 것이 이 문제를 해결하는 방법이라고 보지는 않습니다. 형식적으로 대단한 것이지만, 지금 친환경농업이 늘지 않는 이유를 보면 뭔가 놓치고 있다는 생각이 들거든요. 기후위기와 관련해서 농사 방식을 바꾸라는 것도 이와 비슷하다는 생각입니다.

강마야 소비자의 소비 패턴을 인지하고, 현명한 방식으로 소비를 유도해야 한다고 봐요. 고품질, 크고 단단하고, 때깔 좋은 농산물 표준 규격에 대한 고정관념이 있잖아요. 생산 단계에서 뭐라고 할 게 아니고, 먹는 것을 소비하는 시민들의 입장에서 같이 가야 생산도 바뀌고 소비도 바뀌죠. 그런데 가혹하게 이야기하는 면이 없지 않아 있다고 생각해요. 기존에 알던 표준 규격 농산물이 고투입을 통해 얻는 것이라는 인식도 필요합니다. 다큐라든지 교육할 수 있는 다양한 매체를 이용해서, 이런 표준 규격 농산물이 기후위기와 연관이 있다는 걸 알려야 해요. 최근에 '못난이감자' 이런 얘기를 많이 하죠. 그런데 무조건 싸다는 이유만으로 소비하는 게 아니라, 이런 못난 농산물은 농사지을 때 필연적으로 나온다는 것도 같이 이야기해야 하지 않을까요.

대안적 유통시스템이 필요하다

김정섭 인지도도 중요한 문제이기는 합니다만, 의식을 고양하거나 개선하는 방식에만 머문다면 미봉책일 뿐이라고 생각해요. 단순히 소비자를 계몽하는 방안으로는 성과를 거두기가 현실적으로 어렵다고 생각합니다. 소비자들이 왜 현재 같은 인식을 하게 됐는지 생각해보면, 경제 수준이 올라가서 자연스럽게 그렇게 된 것은 아닐 듯합니다. 현재의 이 시스템이 그렇게 가르친 탓이 크다고 봅니다. 어느 날 갑자기 사람들이 품질 기준 같은 단어들을 거론하기 시작했어요. 그게

1990년대 초반부터라고 생각합니다. 대형마트에서 시작된 것이지요. 대형할인마트에서 먼저 표준 품질을 원하는 거잖아요? 그래서 정해진 규격에 맞는 것만 판매하는 방식이 정착됐죠. 그러다보니 팔레트 단위로 대량 공급을 하게 됐습니다. 이런 변화가 1990년대부터 시작됐습니다. 농민들은 또 그런 변화에 맞춰서 가야 하는 입장이 됐죠. 표준을 못 맞추고, 대량으로 유통하지 않으면 농산물을 판매하기 어렵게 됐으니까요. 소비자들은 지금과 같은 모습이 정상이라고 생각하게 된 것입니다. 이런 식으로 30년 세월이 흘러간 거예요. 예전에는 소비자가 수박이 잘 익었는지 어땠는지 삼각형으로 잘라서 열어보고 상태가 괜찮으면 수박을 구매했습니다. 그런데 작년에 동네에 있는 마트에서 수박 좀 달라고 하니 젊은 직원이 수박을 두드리고 "이것이 괜찮습니다"라고 말하는 거예요. 그래서 "두드려보면 알아요?"라고 물어보니 소리 들으면 안다고 합니다. 괜히 농담반 진담반으로 수박을 한번 잘라보라고 말했습니다. 그랬더니 옆에 있던 다른 직원이 그러면 안 된다는 겁니다. 큰일 난다는 거예요. 사장님한테 혼난다는 겁니다. 이런 풍경이 의미하는 바가 있습니다. 유통 시스템이 바뀐 겁니다. 수박을 찍어서 열어볼 수 없는 거예요. 이런 것을 바꿔야 합니다. 표준 품질 자체를 의심해야 합니다. 일반적인 표준 품질을 적용하지 않고 옛날식대로 농산물을 내놓고 판매할 수 있는 매장을 만드는 수준까지 올라가야 합니다. 지금 소비자들한테 "기후위기니까 못난이 농산물을 사 먹읍시다"라고 계몽하는 것으로는 부족하다고 봐요. 그걸로 시작은 해야겠지만요. 소비자들에게 그런 계몽을 해도 잘 이해하지 못할 가능성도 있습니다. 못난이 농산물 사 먹는 것이 기후위기에 대응하는 농민들의 노력을 돕는 일이라고 소비자들이 이해할 수 있을까요?

강마야 그래도 이해시킬 수밖에 없지요. 떨렁 매장 하나 있다고 사 먹진 않을 거예요. 윤리소비 의식이 있는 사람을 늘리는 방식이 필요하지 않을까요? A급을 만들려면 계속 생산성을 높여야 하잖아요. 같은 땅덩어리에서 A급을 늘리기 위해서는 투입을 늘려야하고, 이건 농법도 관계가 있죠. 저는 그런 현실을 다큐를 보고 많이 깨달았어요. 소비자들에게도 그런 경험이 필요합니다.

김정섭 그렇기는 합니다. 제가 하고 싶은 말은 시민운동만으로는 부족하다는 거죠. 농림사업시행지침을 보면 '농수산물유통현대화사업' 등과 같은 식의 명칭으로 편성된 보조금사업이 있습니다. 표준 품질을 달성한 A급 기준의 농산물을 대규모로 수집해서 팔레트에 채우고 컨테이너 박스에 담아서, 대형마트에 납품할 수 있게 농업 생산자 조직을 육성하는 사업일 것입니다. 그런데 B급 농산물 유통 및 판매를 지원하는 보조금사업은 없어요. 그걸 바꿔야 하는 거죠.

금창영 생협에서도 소비자 교육이 안 돼요. 소비자의 의식변화를 위해 자조금에서 쓰자고 하지만 '그것이 피부에 와닿는 변화가 될 수 있을까?'라는 의문이 있어요. 그것보다는 한 걸음 더 나아가야 하지 않을까요?

김정섭 대안적인 유통시스템이 필요하죠. 그나마 가능성이 보이는 게 '로컬푸드'입니다. 물론, 로컬푸드만으로 충분하다는 말은 아닙니다. 농산물 품질을 '특/상/중'하는 식으로 딱딱 구별하지 말고, 농민이 적당한 농산물을 로컬푸드 매장에 가져다놓으면 사정을 알만한 소비자들이 알아서 사 먹을 수 있는 시스템이 필요하다는 얘기였어요. 한편,

농민들이 당장 대응해야 하는 문제는, 작년에 불거진 바 있는 자연재해일 겁니다. 농작물 재해보험이 문제가 된 바 있습니다. 올해에도 기상이 안 좋으면 그런 사태가 재연될 수 있다고 봅니다.

강마야 농민들에게 농작물 재해보험과 함께 현실적으로 중요한 것은 가격보장 부분인데 그에 대해서 충청남도는 최근 '주요농산물가격안정제도시범사업' 도입을 실시하고 있기도 합니다.[3]

김정섭 기상 리스크가 커질 것은 분명합니다. 그렇다고 농산물 가격이 좋은 것도 아니고. 당분간 농산물 가격이 올라갈 가망이 없다고 본다면 재해를 입었을 때, 그 손실을 보충해줄 최소한의 시스템을 만들어 놔야 생산을 유지할 터입니다. 이 부분에서 의견들이 엇갈립니다. 작년이 바로 상황이 바뀌는 변곡점이었다고 봅니다. 재작년까지만 해도 정부가 농민들에게 재해보험에 가입하라고 열심히 독려했습니다. 독려해도 농작물 재해보험 가입 실적이 잘 오르지 않으니, 보장 품목을 넓혔습니다. 사과나 배처럼 주요 작물은 오래전에 재해보험 보장 품목이었지만, 그렇지 않은 품목도 재해보험 혜택을 받을 수 있게 범위를 넓혀서 재해보험 가입률이 높아졌지요. 그런데 작년에 기상이변이 심해서 문제가 뻥 터진 거죠. 갑자기 많은 액수의 보험금을 지급해야 하는 상황이 된 겁니다. "돈을 많이 풀어야 하는데, 이제 돈이 없네?"라는 곤혹스러운 상황이 된 겁니다. 이런 사태가 있을 수 있다는 점은 그 전에 예측된 바 있습니다. 그래서 기준을 살짝 바꾸어 보험금 지급 기

---

3   주요농산물가격안정제도시범사업이란, 충남 15개 시군에서 생산하는 주요 품목별 기준가격(도매시장 평균가격)을 마련하여 기준가격보다 현재 시장가격이 20% 이상 하락하면 가격차액(기준가격에서 시장가격을 뺀 금액)의 80%를 보전해주는 사업을 말한다.

준을 엄격하게 설정해두었죠. 그런데 작년에 농민들이 보험금을 신청했더니, '이래서 안 되고 저래서 안 되고…' 엄격한 보상 기준을 들먹이면서 보험금을 안 주는 거예요. 난리가 난 거죠. 이 부분이 문제입니다. 장기적으로는 기상이변에 따른 재해 발생 확률은 높아질 테니, 재해보험의 보상 범위를 넓혀야 한다고 봐요. 농작물 재해보험은 말이 보험이지 정부가 돈을 쓸 수밖에 없는 것입니다. 정부가 세금을 더 써서 안전망을 확보해야 한다는 게 제 생각입니다.

금창영 가장 기본적인 안전망이 될 수 있겠지요.

김정섭 예, 그게 없으면 농민들은 가급적 안전한 선택을 하겠죠. 뭐겠습니까? 콩 농사를 지을 때도 비닐하우스를 사용하는 거죠. 농작물 재해보험은 시장논리를 떠나서 정부 투자의 영역이라고 생각해야 해요. 지금 정부는 그걸 자꾸 외면합니다. 그러니 최근에 농민단체들이 "재해보험 보장 범위를 늘려달라고 요구 안 하겠다. 대신 재해가 생기면 정부가 보험이 아니라 직접 보상을 해달라"고 요구하는 거예요. 일이 꼬이는 거죠. 흔히들 농촌 지방자치단체가 "지구가 온난화되니까 아열대 작물을 재배해야 합니까? 연구해서 대책을 만들어주세요"라는 식으로 연구 과제를 요청합니다. 제 생각에 그런 발상은 단기적으로는 의미 없습니다. "내년에는 한반도에 연평균 기온이 5도쯤 올라가니까 내년부터 파인애플을 재배합시다, 망고를 재배합시다"라는 식으로 대응할 수 있는 문제가 아니잖아요? 연평균 0.1도 올라간다는데, 단기적으로 문제에 대응하려다 보니까 말이 안 되는 것이죠. 단기적으로는 바꿀 품목이 없어요. 온도가 확 올라가는 게 아니니까. 20년 뒤를 보면서 적응해야 하는 거예요. 여기에 딜레마가 있는 거죠. 장기적으로 연구를 해야겠지만, 당장 농민들에게 품목 전환의 희망을 줄 수는 없습니다. 그런 상황에서 재정을 투입해서 대응해야 하는 딜레마가 있죠.

강마야 그러니까 시설 재배가 늘어가게 되는 거죠. 중부지방 농민이 남부지방 작물을 농사지으려면 시설을 지어야 하니까요.

금창영 작물재배 한계선은 자꾸 올라가는 거지요. 그런데 농민들 입장에서는 그게 위기로 다가오지 않아요. '이제 포도 올려 보내고, 감귤 받자'라고 생각할 수 있어요. 위기감보다는 선택의 폭이 넓어진다고 볼 수 있죠. 또 하나는 따뜻해지면 이모작이 가능해지니, 식량도 증산된다고 생각합니다. 기후위기가 되면 식량전쟁이 일어날 수 있다는데도, 다행이라는 겁니다.

완전히 새로운 관점에서 저탄소 농사를 위한 다각적이고 적정한 방안들이 제출되어야

금창영 정선생님은 현장에 계시면서 어떤 생각을 하시나요?

정민철 기후는 계속 변화되어 왔는데, 농민들은 '올해는 왜 이러냐' 하면서 평생을 그렇게 살았을 겁니다. 농진청이나 농업기술센터, 농림부 등의 농업 관계부처들은 기후위기 대응을 이야기할 때, 방금 김선생님이 이야기하신 것처럼 '기후위기가 왜 왔지? 탄소배출의 문제이니, 농업에서는 탄소를 어떻게 감소시키지?'라고 하지 않아요. '기후가 바뀌네? 그러면 그 기후에 맞는 작목으로 바꿔야지.' 이런 겁니다. 위기로 안 느낀다는 거죠. 위기로 느끼는 게 아니고 단순 변화로 느끼니까, 그것에 맞게 적응하려는 거라고 봐요. 저는 그 부분까지 생산성 중심주의라고 생각해요. 농업 관계자들은 기후가 바뀌더라도 다른 작물을 심어 수익만 나오면 된다고 생각한다는 겁니다. 더 나아가 생산성이나 수익률만 올라갈 수 있다면 기후가 바뀌는 게 문제되지 않는다는 관점으로 흘러가거든요. 이건 철저하게 습득된 거죠. 생산성이나 수익에 기반한 농업을 중심에 두니까 그런 대응밖에 안 나온다는 겁니다. 그런 과정에서 친환경농업조직은 어떻게 대응하는가를 보면 마찬가지라는 거예요. 친환경농업은 애초의 독창성은 사라지고 그냥 특수재배의 한 부분에 불과해졌어요. 친환경농업이 시작된 기원의 지향점을 잃어버렸기 때문이 아닌가 해요. 친환경농업이 지금 같은 기후위기에서 농업의 방향을 주도해야 하는데, 오히려 더 줄어들고 있죠. 단순히 친환경농업도 하나의 특화된 농업으로 보고 있다는 생각이 들어요. 그 이유는 친환경농업 역시 생산 중심, 수익 중심으로 변했기 때문이에요. 또 지엽적인 부분에서 '더 좋은 농법' 논쟁으로 점점 왜소해지거나, 건강에 더 좋거나 안전하다는 프레임 속에 묶이기도 했습니다. 그러면서 자기 정체성을 독자적으로 만들지 못하고 있기 때문이라고 생각합니다.

금창영 세 분이서 두 가지에 대해서 말씀해주셨으면 좋겠습니다. 첫 번째는 자료를 보면서 항상 막연하고 답답했던 부분입니다. 연구자들은 우리나라 식량자급률이 이것밖에 안 된다는 말로 시작하고, 증산을 거론합니다. 그게 저는 위험한 이야기의 시작이라고 생각했거든요. 이게 결국은 결론이 생산성 향상으로 갈 수 있다는 겁니다. 기후위기를 이야기하다 보면 식량위기가 올 거라는 게 당연한 수순이니, 그렇다면 모든 것에 우선해서 증산이 이야기될 수밖에 없는 거죠. 다른 한쪽에서는 기후위기의 대안이 친환경농업이라고 합니다. 그렇다면 친환경농업이 정말 대안이 될 수 있다고 보시는지요?

강마야 금선생님도 농민들이 대안으로 다른 작목을 선택하는 추세로 가고 있다는 아쉬움을 말하셨는데요. 궁금한 게 농사 방식을 바꿀 수 있는 여지가 어느 틈에서 생길까요? 친환경농업뿐만 아니라 관행농도 이런 고민을 같이 해야 하는 상황이거든요. 지금 상황에서 농민들이 농사 방법을 바꾸자는 제안을 얼마만큼 수용할지 궁금해요.

김정섭 수용가능성을 따지기 전에, 수용할 구체적인 제안이 어느 정도나 있는지 의문입니다. 기후변화에 대응하기 위해서 친환경농업을 하자는 말을 하지만, 구체성 측면에서는 더 진전된 이야기가 별로 나오지 않습니다. 그만큼 간단한 문제가 아니라서 그렇겠지요. 금선생님이 말씀하신 식량안보 문제부터 얘기해보겠습니다. 기상이변이 속출하니까 식량 수급에 문제가 생길 수 있습니다. 가상적이지만, 예를 들어보죠. 엄청나게 가뭄이 들어서 2021년 우리나라 쌀 수확량이 평년 대비 30% 이상 줄었다고 가정해보지요. 열 가마 수확하던 게 일곱 가마로 떨어지면 난리가 나겠죠. 하지만 요새는 밀 같은 것을 많이 수입하니까 괜찮아요. 그런데 만약 밀농사를 짓는 우크라이나에 병충해가 극심해져서 그곳 농사가 망하면, 그때부터는 골치 아프게 되는 거죠. 실제로, 2006년 무렵에 미국 대통령이 엄청난 양의 옥수수를 바이오에탄올 생산에 투입하겠다는 정책을 펼쳤습니다. 그래서 국제 곡물시장에 나오던 옥수수의 상당량이 바이오에탄올 공장으로 원료로 들어가니,

옥수수 가격이 확 올라갔습니다. 그때 애그플레이션agflation[4]이라는 말이 나왔어요. 1990년대 중반 이후로 웬만한 나라들은 무역을 통해 식량을 충당하고 있지요. 지구상 어느 나라에서도 기상이변으로 인한 농업 분야의 타격이 없다 하더라도, 미국이 그렇게 움직이고, 유럽도 옥수수 심어서 알코올 뽑는 방식으로 변화가 오면, 옥수수를 사들여야 하는 우리나라 사람들은 힘들어지는 거예요. 농산물 주요 수출 국가에서 재해 때문에 생산이 급감하면 당연히 한국도 영향을 받을 겁니다. 식량안보에 위협이 될 경로가 여러 가지라는 건, 이렇든 저렇든 우리나라 입장에서는 식량위기가 발생할 가능성이 높아진다는 말입니다. 일정 수준의 식량 자급 기반은 갖춰야 한다는 거죠. 그렇다면 다른 요인은 고려하지 말고 식량 자급에만 매진하자고 입장을 정하면, 탄소배출이 어떻게 되는지 신경 쓰지 말고 생산량만 증대하면 되겠지요. 그런데 그렇게 하면 안 된다는 것에 문제가 있는 거죠. 대안을 낼 때 우리는 고려해야 할 부분이 많아요. 기후변화에 한정해서 이야기하자면, 에너지를 덜 쓰는 방향으로 농사짓는 방식이 바뀌어야 한다는 점은 분명합니다. 농사는 자연의 에너지를 활용하고, 인간이 약간의 에너지를 보태어 유기물을 추출하는 활동입니다. 자연의 에너지는 태양에너지인데, 에너지 수지 면에서 보면 플러스(+)란 말이에요. 태양에너지는 거의 무한대이고 그것을 사용하는 데 비용이 들어갈 것도 없으니까요. 우리나라에서도 아마 1960년대까지는 농업 분야 에너지 수지가 플러스였을 겁니다. 비료도 별로 안 쓰고 그랬으니까. 지금은 마이너스일 게 분명하지요. 쓸데없이 인간이 쓰는 에너지가 너무 많아요, 사실은. 과학적으로 보면 쓸데없는 건데, 경제적으로 필요하니까 그렇게 된 거

---

[4] 농업 부문에서 시작한 물가상승을 뜻한다.

죠. 가급적 옛날 방식으로 돌아가면 아무래도 기름도 덜 쓸 것이고, 석유화학 기반 자재도 덜 쓰겠죠. 그러니까 그런 방식의 전환이 기후변화에 대응하는 농업이 될 거 아니냐고 말하는 겁니다. 여기까지는 누구나 쉽게 수긍할 수 있습니다. 문제는 그 다음의 상세한 부분에 있습니다. 농민들더러 갑자기 무조건 비닐하우스 그만 쓰고, 아니면 자재 그만 쓰고, 전기 그만 쓰는 식으로 농사를 바꾸라고 할 수 있을까요? 그럴 수 없는 거죠. "생산량이 보장되지 않을 텐데, 먹고살 돈을 못 벌 텐데 어떻게 할 거냐"라는 반문이 제기됩니다. 물론, "나는 돈 못 벌어도 옛날식으로 농사를 바꾸겠어"라고 할 분들도 있기는 하겠죠.

금창영 그런 사람들은 신경 안 써도 되는 건가요?

김정섭 아니죠. 그 경우도 힘든 게 있어요. 자재를 안 쓰면 몸으로 일을 더 많이 해야 하는 상황이 됩니다. 그런데 노동력이 부족합니다. 이처럼 따져봐야 할 게 여러 가지 있는 거예요. 농사 방식을 바꾸는 문제는 장기적으로 검토하고 고민하되, 당장 작은 부분에서부터 절충안을 찾아야 합니다. 결정적인 훌륭한 한 가지 대책이 나올 수는 없다고 봅니다. 예를 들어, 최근에 이야기되는 것들 중에 어이없다고 생각하는 제안이 하나 있습니다. 뭐냐면, 토양 속 온실가스 중 하나인 메탄을 그냥 대기 중에 노출시키면, 토양 입자 알갱이 속에 있던 메탄이 대기 중으로 흩어져 문제가 된다고 합니다. 그러니 경운하지 말자고 해요. 그리고 간단관개를 하자고 해요. 논에 물을 항상 채운, 담수 상태로 유지하지 말고 며칠간 물을 뺐다가 다시 넣는 식으로 하자는 거죠. 그러면 메탄의 발생량을 줄일 수 있다고 합니다. 그런데 그게 쉬운 일이 아닙니다. 어느 농민이 하고 싶어도 못해요. 그 넓은 논의 물꼬 관리를 어떻게 날마다 할 수 있겠습니까? 원하는 시기에 물을 뺐다가 며칠 뒤 다시 원할 때 물을 넣을 수 있는 방식으로 물이 공급되는 관개배수 시스템이 갖춰진 것도 아니죠. 지금 나오는 제안들이 지금 다 이런 식이라는 데에 문제가 있습니다. 무턱대고 쉽게들 제안합니다. 친환경농업합시다, 간단관개합시다, 경운하지 맙시다, 고기를 먹지 맙시다, 양액재배합시다 등등. 그런 식의 간단한 해법은 절대 없을 겁니다. 그래서 큰 방향은 저투입이어야 하는 건 분명합니다. 거칠게 말하자면, 옛날식으로 농사를 지어야 하는데, 소농이나 농민적인 방식으로 농사를 바꾸어야 할 텐데, 해결해야 할 상세한 과제들이 너무 많은 겁니다. 돈, 노동력, 생산성 유지 등의 문제가 있습니다. 옛날식으로 간다고 해도 기술을 다 내팽개칠 수 없으니까요. 지금보다는 에너지를 조금 덜 쓰거나 탄소배출을 억제하는 기술을, 현장에 적용 가능한 방법들을 다각도로 모색하고 계속해서 절충해야 합니다. 물론, 그럼에도 불구하고 방향은 있어야 하는데, 아무리 생각해도 방향은 저투입인 거예요. 제가 보기에는 그렇습니다. 그래서 아마 속 시원한 해법이 나오기가 어렵다는 거죠.

금창영 대단위 면적에서 보전농업을 하는 곳에서는 경운을 안 하거나 투입을 줄이면 경비가 절감되나 봐요. 존디어John Deere라는 트랙터 회사의 사이트에 들어가면 부속작업기들을 볼 수 있어요. 그 중에는 무경운 작업기들도 있습니다. 생각보다 많습니다. 하지만 가격은 대단히 비쌉니다. 예를 들어 무경운 파종기가 우리 돈으로 5000만 원이 넘어요. 미국과 달리 우리나라는 경운을 하지 않아서 얻는 이득이 별로 없다는 겁니다. 상징적인 의미나 철학적인 의미는 있을지 몰라도요.

정민철 저는 고비용 저투입으로 갈 거라고 생각합니다. 자꾸 우리는 저비용 저투입이라고 하는데 그렇게 될 일은 없다고 봐요. 고비용 저투입으로 가겠죠.

김정섭 문제는 비용의 항목이 뭐냐는 거죠. 그 비용을 농민들은 부담하기가 쉽지 않을 겁니다.

정민철 예를 들면, 이번에 유럽은 탄소중립을 위해서 기업이 탄소배출을 못하게 하는 정책을 만들었어요. 그런데 그 기준을 지키면 생산 단가가 올라가버리는 거예요. 그러면 다른 나라에서 생산된 수입 품목과의 가격 경쟁에서 자국 상품의 경쟁력이 떨어지니 수입할 때 생산과정을 분석해서 탄소세를 붙이겠다는 겁니다. 석탄발전소처럼 배출이 많은 방식으로 에너지를 생산해서 만든 동일 품목에는 수입 관세를 더 붙이겠다는 정책입니다. 농산물에 대해서도 그런 정책이 가능하지 않을까요? 저는 기후변화와 식량위기를 이야기할 때에 기본 관점이 뭔지 모르겠습니다. 기후변화로 식량위기가 오니 농업 분야에 더 많은 지원금을 주어야 한다는 논리밖에 없는 듯합니다. 어떻든 식량위기가 기후변화로 인한 것이니 농업 분야도 탄소를 저감할 수 있는 방안을 고민하고, 정책 사업 비용을 이를 해결하는 방향으로 더 투입하자는 논의가 필요한 거 아닐까요?

김정섭 그 논리 자체는 맞다고 봅니다. 투입의 내용이 기존 시스템을 바꾸려면, 어쨌든 돈을 더 넣어서 해결해야 해요. 말씀드린 것처럼 저투입으로 가려면 몸으로 일을 더 하든가, 다른 수를 내야 하거든요. 저투입으로 가면 생산성이 떨어질 가능성이 높으니, 가격이 올라야 하겠죠. 그런데 농산물 가격이 그냥 올라가지는 않을 테니 나라에서 돈을 주든가해야 할 겁니다. 비용은 분명 세금에서 나와야 해요. 세금을 어디서 거두느냐는 고민해야 할 문제입니다. 그리고 거둔 돈을 구체적으로 어떻게 쓰냐는 문제도 고민해야 합니다.

금창영 스마트팜에 지원하죠.

김정섭 그게 말이 안 된다는 거죠.

정민철 그렇게 단번에 해결이 안 될 것이기 때문이죠. 농업 정책을 세우는 사람들은 이렇게 물어요, 뭐가 필요하냐고. '왜요'라고 물으면, 필요한 거 있으면 정책으로 만들어서 하겠다고 해요. 그러면 농민들은 비닐 교체하는 데 돈 많이 든다고 비닐 값 좀 달라고 하고, 그러면 비닐 값 보조해주고, 이런 식으로 정책이 만들어져요. 소위 답은 현장에 있다고 이야기하는데, 정책을 수립할 때는 방향성이 있어야 해요. 정부 사업비를 받는 쪽이 지향점이 무엇인가에 대해 신호를 보내줄 필요도 있다고 봐요. 저는 유리온실에 대해 다시 생각한 적이 있어요. 계산을 해봐야겠지만, 유리온실 하나를 지어서 토경 재배하는 것과 비닐하우스에서 토경 재배하는 것을 20년 동안 비교해보면 어느 쪽이 탄소를 적게 쓸까요? 비닐은 3년에 한 번씩 갈아야 하거든요. 여름에 환기를 위해 여러 시설을 설치하고 전기로 돌리는 것 등을 비교하면 어떻게 될까요? 즉, 유리온실을 지어서 양액 재배를 하지 않고 토경 재배를 할 수도 있다는 것입니다.

김정섭 유리온실에 토경은, 스마트팜 개념에 안 맞죠.

정민철 네. 예전이라면 당연히 말도 안 되는 소리죠. 평당 100만 원짜리 시설을 만들어서 순이익도 아니고 매출이 1년에 평당 8000원 나오면, 경제성에서 말이 안 되는 이야기입니다. 하지만 경제성이 아니고 기후변화를 기준으로 한다면, 유리온실과 비닐하우스를 20년 정도 사용한다고 봤을 때 둘 중에 어떤 게 탄소저감에 효과가 있는지를 고민할 시대가 되었다는 것입니다. 탄소저감에 효과가 있다면 경제성이 없더라도 유리온실을 짓고 토경 재배를 할 수도 있는 시대가 왔다는 거죠. 그래서 고비용 저투입일 수도 있다는 말씀을 드렸습니다. 얼마 전까지는 상상이 안 되던 이야기였어요. 유리온실 하면 생산량과 경제성을 높여야 한다는 기준밖에 없었습니다.

금창영 본인이 납득이 됩니까?

정민철 황당하지만 그런 생각까지 하는 시대가 된 것입니다. 경제성이 아니라 기후변화를 기준으로 판단하자는 거죠. 유리온실이나 스마트팜이 탄소저감에 효과가 있다는 결과가 나온다면, 규모화가 아니라 200평짜리 유리온실이나 스마트팜을 소농에게 지원해주는 사업을 만들 수 있을 겁니다. 그렇게 지향점을 제시할 수 있지 않을까요?

기후위기 시대 친환경농업의 새로운 기준, 탄소를 얼마나 많이 땅속으로 다시 밀어넣을 수 있는가

김정섭 간단한 해법은 없고, 여러 면에서 아이디어가 제출되어야 합니다. 이건 정선생님 말씀에 동의합니다. 황당하게 들리지 않으면서도 농민이 실천할 수 있는 제안이 나와야 합니다. 예를 들면 볏짚 문제입니다. 탄소배출 문제를 생각하면 현재 우리가 쉽게 할 수 있는 것이 볏짚을 깔아두는 겁니다. 제가 어렸을 때는 벼 수확이 끝나면 볏짚을 다 집에 가지고 와서 불 때고 밥 해먹고 가마니도 짜고 했지만, 지금은 그럴 일이 없으니 논에 썰어 넣자는 거예요. 썰어 넣으면 아무래도 유기질 퇴비나 비료 사용량을 줄일 수 있겠죠. 특히, 가축 분뇨를 주재료로 만든 유기질 퇴비에 메탄이 적지 않게 들어있을 텐데, 그것을 줄일 수 있겠죠. 그리고 볏짚 자체가 탄소를 고정시킨단 말이에요. 이산화탄소가 날아가지 않게 볏짚이 탄소를 묶어두는 거고요. 논바닥에 두면 서서히 썩으면서 거름이 되어 토양으로 흡수되는 거잖아요. 문제는 볏짚을 썰어서 넣으면 정부가 돈을 보태준다고 해도 열심히 안 한다는 겁니다. 그보다는 볏짚으로 곤포 사일리지를 만들어서 축산 농가에 판매하는 걸 더 선호합니다. 그럴 때 축산 농가가 원하는 볏짚 사일리지 가격과 판매농가가 원하는 가격에 차이가 납니다. 그 차액을 정부가 보전해주는 정책도 있습니다. 그 금액이 적지 않으리라 봅니다. 그런 식으로 볏짚 사일리지를 공급하는 시스템에 지원되는 금액을 볏짚을 썰어서 논에 넣는 활동에 지원해야 하는데, '볏짚 썰어 넣기'의 인센티브를 높게 쳐주어야 실질적인 효과를 기대할 수 있습니다.

정민철 네. 생각의 전환을 위해서 여러 제안이 나왔으면 합니다. 지금까지는 다양한 친환경농법 중에서 생산자가 생각하는 좋은 농법의 기준 중 하나는, '어느 게 더 효과적으로 제초할 수 있는가'였습니다. 소비자들은 어떤 방법으로 재배한 것이 더 건강에 좋은가를 기준으로 합니다. 이렇게 각자의 입장에서 생각하는 기준이 달라요. 그러면 기후변화의 시대에 더 좋은 농법의 기준은 무엇일까요? 방금 김선생님이 말씀하셨지만, 어떻게 하면 더 많은 탄소를 땅으로 밀어넣거나 배출하지 않는 방법인가가 기준이 되는 거예요. 이제 '친환경농업에서 좋은 농법이 뭐냐'라고 이야기할 때, 좋은 농법의 기준은 '어떻게 하면 탄소 저감 성과를 더 많이 달성할 수 있는가'입니다. 그렇기에 더 수월한 농기계를 어떻게 개발할 것인가도 고민해야 한다는 거죠. 그런 기준을 명확히 하고 정부 정책도 그런 기준으로 정리되어야 합니다. 이제는 '좋다, 나쁘다'의 판단 근거 자체가 달라져요. 정책의 성과 지표 역시 탄소배출을 저감하는 쪽으로 바뀌어야 해요. 지금은 친환경농업 활성화의 정책 지표가 인증 면적의 증가이죠. 그런데 인증 면적이 아닌 생산부터 수확 단계까지 과정별로 탄소를 저감하는 기술을 도입했는지의 여부, 탄소배출을 몇 퍼센트 절감했는지를 모두 따져야 한다는 겁니다. 그런 다음에 농림부가 친환경농업인연합회라든지 농민단체들과 '이렇게 하면 앞으로 세금을 이런 방향으로 써서 지원할 수 있다'는 식으로 협약을 맺는 게 농업 분야에서 기후변화에 대응하는 방향이 아닌가 생각합니다.

강마야 결국 거기에는 기술혁신이 무조건 따라야하는 거네요. 고비용을 저비용으로 낮추는 기술이요.

정민철 기술혁신 역시 필요하죠. 그런데 아마, 당장은 고비용일 겁니다. 하지만 저투입하면 고비용의 일정 부분이 상쇄되기 때문에, 적어도 이전과 거의 비슷한 정도로는 맞춰지지 않을까요?

강마야 그런데 고비용의 부담은 결국 생산자가 지게 되는 구조잖아요.

정민철 그런 곳에 보조금이 붙어줘야 한다는 거죠.

강마야 기술원이나 기술센터도 기술을 저비용으로, 최대한 내리기 위한 노력을 해야 한다는 거죠. 그런 과제는 기술혁신과 정부 개입이 들어가야 하는 거니까.

김정섭 거기에 세금이 들어가는 명분은 명확해요. 처음에 말씀드린 것처럼 공인된 탄소흡수원은 산림밖에 없어요. 농경지도 탄소배출원으로 분류가 되지요. 탄소를 잡는 것보다 배출하는 게 더 많거든요. 전 지구적으로 보면 핵심 과제는 탄소흡수원을 늘리는 일입니다.

정민철 산림은 그러니까, 플러스 마이너스 제로라고 보는 거죠?

김정섭 아니요. 플러스죠. 논과 밭은 마이너스고. 그렇다면 최대한 마이너스의 폭을 줄이거나, 언젠가는 플러스로 만들겠다, 즉 농경지를 탄소흡수원으로 만들겠다는 방향의 정책이 수립되어야 합니다. 그렇게 하려면 참 할 게 많고 돈을 써야 합니다만, 명분은 확실합니다. 그런 목적으로 재정을 투입하는 용도에는 여러 가지가 있을 겁니다. 새로운 기술을 개발하는 데, 또는 모니터링하는 데, 또는 농민들이 직접 몸으로 때워야 하는 부분도 많기 때문에 직불제나 다른 명목의 현금 직접 지원 같은 걸 생각해볼 수 있습니다. 그런 방책들을 여러 가지로 혼합하되 궁극적인 방향은 '어떻게 농경지를 탄소흡수원으로 재편할까'에 목적을 두고, 세부적인 정책 내용들의 전체를 보아가며 조정하는 작업이 있어야 합니다.

정민철 저는 관점을 바꾸는 게 필요한 시기라고 생각합니다. 예를 들어 쌀이 남아돌면 휴경을 통해 탄소를 많이 잡는 작물을 재배해서 탄소를 땅으로 밀어넣을 수도 있을 겁니다. 정부에서 보조를 해줘야겠죠. 그러면 농경지는 유지가 되면서 토양도 좋아지고, 식량위기에 대응도 하게 되는 것이라 생각합니다.

강마야 농업에서 탄소를 열심히 잡는다고 해도 그 이상으로 축산업에서 배출하는 것이 염려스럽습니다. 「농업식품기본법」 상 농업과 축산업을 '농업'이라는 범주로 보고 있는데 이제는 구분해야 하지 않을까 생각합니다.

김정섭 축산에서 세금을 거둬야죠.

정민철 그러니까 저는 농업 분야에서는 기후변화를 농업의 환경적 가치를 새로 부각시킬 수 있는 기회로 삼아야 한다고 생각합니다. 그런데 농업의 중심이 된 경제성·사업성 있는 축산 등에 의해 어쩌지를 못하는 처지가 된 것이지요.

강마야 축산업은 탄소배출을 많이 합니다. 때문에 앞으로 축산 농가가 많아지는 상황에서 어떻게 전체적으로 탄소배출을 감소시킬 것인가라는 고민이 듭니다. 하지만 오히려 탄소중립 목표를 기회로 삼아서 개념을 잘 잡아놓고 축산업을 포함한 농업 분야에서 적극 수용한다면, 정부는 넘치는 축산업을 억제하고 경종耕種을 활성화할 수 있지 않을까요? 여러 마리의 토끼를 잡을 수 있는 코드가 아닌가 생각합니다.

금창영 에너지를 적게 쓰는 방향으로 바꿔나가야 하고, 탄소저감이 농업 정책의 지표가 되고, 탄소를 많이 줄이는 것이 좋은 농법이라는 기준을 새로 만들어야 한다는 논의는 매우 설득력 있습니다. 하지만 저는 이렇게 간단하지만은 않다고 생각해요. 탄소저감이 가능하고, 객관적으로 자연친화적인 농사라고 할 수 있는 자연재배나 자연농, 퍼머컬쳐를 하는 농민에게 보조금을 준다고 생각해봅시다. 우선 보조금을 수령하려면 어떤 기준에 맞추어야 해요. 어디서 듣도 보도 못한 이상한 농사를 개인이 짓는다면, 사실 큰 희생을 감수해야 합니다. 기계를 써서 1000평을 농사짓던 이가 기계를 쓰지 않는다면 100평도 쉽지 않습니다. 이런 경우 수익이 줄어든 만큼 정부가 적절하게 보조금으로 담보하는 정책이 나올 수 있을까요? 지금까지 정부의 정책이 현장에서 그랬던 것처럼 또 다시 개인의 희생으로 다가오는 프로그램이 될 거예요. 정말 올바른 농사를 지으려는 이가 현장에서 겪는 문제점을, 지금까지 '보조금 주잖아'라는 식으로 해결했다는 거예요. 저는 이 부분에서 우리가 중요한 것을 놓치고 있지 않은가라는 생각이 들거든요.

김정섭 저는 조금 다른 생각입니다. 정부가 보조금을 주면서 한 일이 있지요. 그런데 기후변화 대응 쪽으로는 보조금을 준 게 별로 없어요. 이건 안 해본 거예요. 친환경농업 육성하겠다고 조금 줬죠. 그런데 충분치가 않았습니다. 그동안의 관행대로 가면 친환경농업 육성정책을 했듯이, 타깃을 명확하게 못 잡은 상태에서 약간의 보조금을 주면서, '왜 이렇게 안 되는 거야'라는 식으로 스스로 납득하지 못하게 될 가능성이 있는 거죠. 이제 기후변화에 대응하는 일은 완전히 새롭게 해야 하는 부분입니다. 안 하던 정책을 새로 해야 하는 측면이 아주 강합니다. 까놓고 얘기하겠습니다. 친환경농업 육성정책이 시작된 게 1990년대 김대중 정부 때부터니까, 30년 가까이 해왔습니다. 하지만 기후변화 이야기를 하면서 친환경농업을 들먹인 건 최근 들어서의 일입니다. 불과 3년 전만 해도, 친환경농업 열심히 하는 어른들조차도 기후변화 얘기하시는 분들은 드물었단 말이에요. 이 얘기는 뭐냐 하면, 완전히 새로운 판을 짜야 한다는 걸 뜻합니다. 새로운 판을 짜야 하기 때문에 생각할 게 정말 많은 거죠. 결국에는 어떤 식으로든지 보조금을 써야 할 텐데, 굉장히 많은 보조금을 써야 할 텐데, 그 돈은 어디에서 거두느냐는 문제도 있습니다. 그래서 탄소세 얘기가 나오는 거죠. 아무튼 중요한 것은 이 새로운 판이 궁극적으로 지향하는 것은 뭐냐는 것입니다, 아까 정선생님이 말씀하셨던 것처럼…. 에너지 문제도 마찬가지입니다. 제가 알기 쉽게 에너지를 절약하자고 말했지만, 에너지를 절약해야 하는 근본적인 이유는 무엇일까요? 정확하게 말하면, 태양에너지는 절약할 필요가 없어요. 팡팡 써야 합니다. 화석연료에너지를 절약해야 하는 거예요, 석유나 석탄을. 석탄이나 석유라는 게, 자연이 5억 년 전부터 대기 중의 이산화탄소를 땅속에 집어넣은 것이 바뀐 것입니다. 식물 등의 생물 사체들이 지질작용을 통해 수억 년 누적되고, 그것이 탄화수소(석유 등)로 바뀌는 데 수십만 년이 걸린 것입니다. 그렇게 자연이 묻어버린 탄소를 인간이 다시 캐내어 연소시킴으로써 이산화탄소의 형태로 다시 대기 중으로 배출하는 것이죠. 에너지 절약을 하자는 이야기는 화석연료 사용을 줄이자는 말인데, 결국은 땅속의 탄소를 꺼내지 말고 오히려 탄소를 밀어넣자는 얘기인 거예요. 이 관점을 분명히 해놓고 여기에 맞춰서 굉장히 다각적인 실험과 프로젝트가, 정책들이 많이 준비되어야 하는 거죠. 이게 쉬운 일은 아닐 겁니다. 아주 장기간에 걸쳐서 비상하게 움직여야 하는데, 아직은 말만 요란합니다. 사실은 '이 방향 하나 잡는 일이라도 확실히 하고 있나?'라는 의문이 드는 거예요.

강마야 작년 말에 그린뉴딜 이야기도 좀 나왔잖아요. 그런데 이런 디테일이 빠져 있었죠. '친환경농업 면적 비중 30% 이상 증가', 뭐 이런 정도만 나와 있고 각론에서 논의와 합의가 안 되어 있죠. 탄소중립은 더 말할 것도 없고요. 기후위기에 대해서는 농민·농업계에서도 당장 오늘내일의 위기가 아니고 먼 미래의 이야기라고 생각을 하는 거죠. 탄소중립 얘기나 그린뉴딜도 공론화된 건 없고. 그린뉴딜 수립할 때 중요한 주체인 농민은 오히려 빠져있는 것도 매우 안타깝습니다.

김정섭 그러니까 궁극적으로 그린뉴딜이 설정한 정책 기준과 방향이 명확한가요? 최종 목표는 땅속에 탄소를 밀어넣겠다는 것이어야 합니다.

정민철 그러니까 조금 더 적극적인 게 필요하죠. 지금은 워낙 논쟁이 많아요. 왜 농촌에 태양광 설치하는 데 반대가 이렇게 심하냐고 문제 제기를 하는 거 있잖아요. 태양광은 재생가능한 에너지이고, 석탄 연료를 적게 쓰기 때문에 친환경에 가깝다는 주장들도 있고요.

금창영 전국농민회총연맹에서는 절대농지에 태양광을 설치하는 것을 적극적으로 반대하죠.

정민철 그러면 반대하는 명분은 뭐냐는 거죠.

모두 농지 보전.

정민철 그러니까요. 그러면 일반 시민들은 재생에너지는 안 쓰고 농지만 보존하면 되냐고 생각할 수 있어요. 이러면 기후변화하고 농업하고 충돌하는 것같이 보입니다. 그 두 가지를 동시에 해결하는 방법이 무엇일까를 좀 더 적극적으로 고민할 필요가 있습니다. 아까 말했지만 농지에 재생가능한 에너지 시설을 설치해서 생산하면 식량안보에 문제가 생깁니다. 그러니 농사를 통해, 농지에 탄소를 밀어넣는 행동으로 기후변화 대응에 역할을 한다면 태양광을 설치하는 것만큼의 효과가 있습니다. 그러면 농업 분야도 기후변화에 충분히 대응하고 있다고 주장할 수 있죠. 농업 분야가 기후변화에 수세적으로 대응하지 말고 공세적으로 대응하자는 말입니다.

김정섭 지금은 농지에다가 태양광을 설치한다는 건데, 그런 주장을 하는 사람들의 명분은 이렇습니다. 다른 건 모르겠고, 농지에 태양광 발전 시설을 설치하면 땅에서 석유를 캐서 쓰는 것을 줄일 수 있다는 것, 그거 하나거든요. 그런데 농지에 태양광 발전 시설을 설치하지 말고 그냥 논농사를 짓되 지금보다 적극적으로 녹비작물을 많이 심고 볏짚도 갈아 넣는 등, '저탄소농법'을 적극적으로 할 경우 어떻게 되는지 계산해보자는 겁니다. 상당량의 탄소를 땅에다 집어넣을 수 있을 겁니다. "이렇게 해보니까 탄소를 많이 밀어넣었네. 게다가 식량 생산도 계속 되네. 이게 훨씬 더 이득 아니야?" 이런 식의 논리가 가능하다는 거죠.

정민철 저는 그런 것을 농민들 안에서 준비해야 하는 시기라고 봅니다.

저탄소 농사를 지을
주체는 누구인가

금창영 누가 준비하나요?

정민철 귀농운동본부에서 준비해야 하는 거 아닐까요? (모두 웃음) 김 선생님도 말씀하셨지만, 중요한 전환점이 될 수 있거든요, 농업 쪽에서는. '우리는 건강한 농산물을 생산해서 소비자의 건강을 책임진다'는 이전 논리에서 어떻게 벗어날 거냐가 관건입니다. 관점을 바꾸기 위해서는, 그간 당연하다고 생각해온 것에 대해 공격적으로 질문할 필요가 있습니다. 이전 논리에 매몰되어 있으니까 지금은 잔류농약검사에서 벗어나지 못하고 있습니다. 탈출구를 못 만들고 있습니다. 저는 이 탈출구가 기후변화를 농업계에서 정확히 잡아내고, 기후위기에 도움이 되는 친환경농업을 하자고 다시 주장해야 하는 것이라고 생각합니다. 고령화된 농민들, 동네어르신들을 기술센터에 모아서 '어르신, 이제 앞으로 정부는 식물을 키워 땅에다 집어넣으면 돈을 얼마 주겠습니다'고 해서 되는 게 아닐 겁니다. 이전 친환경농업은 귀농자 중심으로 확산이 빨리 됐잖아요. 그러듯이 새로 귀농한다든가 새로 농촌에 진입하는 사람들부터 그런 관점의 전환이 필요하다는 거예요. 그런 다음에 그렇게 해도 수익이 나온다는 걸 정책 차원에서 보장했을 때 기존 농민들의 참여를 독려할 수 있다는 거죠. 기존의 친환경농업이 50년 전 관행농업의 전환을 시도하면서 시작했듯이, 이제 또다시 새로운 전환점이 필요한 시기라는 거죠. 기존의 친환경농업도, 1975년도에 시작해서 1999년까지 일부 농민들이 자율적으로 해나가니까, 20~25년 뒤에 정책 쪽에서 받아줬잖아요. 지금 필요한 새로운 접근의 친환경농업 역시 전환을 위해 그만큼의 시간이 필요할 것입니다.

금창영 귀농본부에서 그런 이야기하는 것이 생각만큼 쉽지 않습니다. 반발이 생각보다 심하거든요. 당장 현실적이지 못하다고 말해요. 농대 같은 교육기관에서는 증산을 말하고, 귀농본부는 원칙을 이야기하는 곳이라고 말해요. 보존농업이나 자연농법 관련 강연회 때 가장 받아들이지 못하는 분들이 농민들이에요. 농민들은 대부분 두 가지 주장을 해요. 먼저, 농사로 사람들을 먹여 살린다는 분명하고 막중한 과업을 포기하는 무책임한 소꿉놀이라고 비난해요. 그렇게 해서 농사가 되겠냐고 말하지요. 도시에서 귀농을 생각하는 청년들이 그나마 호응하는 정도입니다. 하지만 그들도 지역에 내려간 뒤에는 현실적이지 못한 교육이라고 말합니다. 판로도 마땅치 않고, 알아주는 이도 없다고. 조건이 형성되지 않은 상황에서 올바름만을 이야기하는 것도 상당히 어렵습니다.

정민철 1990년대 후반에 친환경농업 육성법이 만들어졌지만 2000년 중반에도, 농업 연구하는 박사님들은 친환경농업하면 자급률 떨어진다고 얘기했어요. 30년이 지났음에도 말입니다. 어차피 농업은 대농 중심으로 가고, 아무리 패러다임을 바꾼다고 해도 생산중심주의가 여전할 것입니다. 아니, 더 빠르게 진행된다는 느낌이 듭니다. 그런 입장에서 보면, 기후변화 대응을 위한 친환경농업은 소꿉장난으로 보일 것입니다. 그런 상황에서 소농의 중요성을 다시 부각시켜야 합니다. 소농 문제를 기후변화에 대응하는 농업으로의 전환과 관련해서 새롭게 제기할 필요가 있다는 거죠. 어떻게 하면 새로운 논리와 새로운 명분으로 이들을 복원시킬 거냐는 거죠. 새롭게 논리를 짜고 논의하고 전파하고 운동을 해야 하는 시점인데, 그 운동의 주체가 안 보입니다. 소농을 유지하고 보호하자고 이야기하는 방향은 단지 수입을 보장해 주자는 주장으로만 흘러가고 있습니다. 이게 틀린 말은 아닌데, 과하게 부각되어버렸어요. 직불금과 농민수당이 있으면 소농의 문제는 모두 해결되는 것이 아니라고 생각합니다. 굳이 얀 다우 판 더르 플루흐 교수 얘기 동원하자면, 그 사람은 소농이라고 안 하고 농민농업이라고 해요. 농민스타일의 농업이 뭐냐? 따지고 보면 농민농업을 하는 삶이 대부분 중소농이죠. 대농은 하기 어렵죠. 드물게는 있을 수 있지만요. 소농이든 농민이라 부르든 외면 받고 간과된 주체들과 농사 방식이 있어요. 이들이, 우리가 기후변화라는 과제를 안고 다시 들여다 봐야 할 가능성 있는 주체와 방식이라는 거죠. 이 부분의 논리를 적극 개발해야 한다는 겁니다. 농사짓는 방식을 바꿔야 하지 않느냐고 말씀드렸지만, 바뀌어야 하는 농사 방식은 '농민적인 농사'라고 얘기하고 싶은 거죠.

강마야 누가 맨 처음의 주체가 될 거냐를 따져봐야 하는데, 억울함이 없지 않아 있을 거예요. 정책 입장에서는 소농 중요하다고 보조사업 만들었는데 왜곡되어버리잖아요. 아쉽지만, 구체적이지 않고 소농을 보호해야 한다는 막연한 공론화와 보조금을 바로 연결시켜버리니까요. 논의구조는 복잡한데 결과는 단순하게 흘러가버리는 지금까지의 폐해가 그 때문인 거죠. 기후변화나 기후위기를 말하면서 보조금에 대해 염려스러운 게 있어요. 지역에서 위기를 진정으로 고민하는 접근 방식이 아니라, '기후위기'라는 명칭만 새롭게 달린 보조사업들이 생겨날까봐 걱정입니다. 그 내용은 기존의 생산성을 지향하는 사업과 큰 차이가 없으면서 말이지요. 어떤 방식으로 돈을 투입하고 어떤 활동을 통해 변화를 도모할까, 누가 주체가 되는가 등의 문제가 있어요. 정선 생님 얘기처럼 누가 움직일 거냐는 거죠. 개별 논의로는 안 되잖아요. 기후변화 때문에 힘든 문제에 대해 모든 사람이 공감하면서 실천을 이끌어내야만 효과가 있는 거죠. 지역에서 한두 명 움직여서 티도 안 나요. 농민수당부터 시작해서 이제 농민들의 주체성에 대한 이야기가 나오는 시점이란 말이죠. 기후위기나 변화에 대응하는 논의의 장으로 농민들 스스로 나서야 합니다. 주체성을 가진 사람들이 정부 보조에 의존하면 문제가 있기 때문이죠. 친환경농업인연합이든 전국농민회총연맹이든 논의들을 동시다발적으로 이끌어내면 좋겠습니다. 그래야만 엉뚱하게 정책 보조금 때문에 왜곡되지 않는다는 겁니다. 그런 논의과정을 주도하는 데에 농민들의 역할이 필요하겠다는 생각이 들어요.

새로운 농민의 등장을 기다리며

금창영 이제 마지막으로, 오늘 논의를 정리하면서 한마디씩 부탁드릴게요.

강마야 농사에 초점을 맞추면 농민들 건강 걱정이 많이 돼요. 여름 더위와 겨울 추위에도 농사일을 해야 하기 때문에 농사가 계속 3D직업으로 내몰리게 되는 거잖아요, 어렵고 힘들고 더럽고 냄새나고. 그런데 기후위기로 농업에 대한 이미지들이 더 안 좋아지면서 농사짓기가 점점 힘들어지고 있어요. 지역사회 공동체에 외국인 노동자나 다른 형태로 여러 계층의 사람들이 들어오는 것도 영향을 줄테고요. 젊은 사람들이 어려운 농사일 안 하는 것이, 깔끔한 환경에서 노동력도 줄일 수 있는 스마트팜 얘기와 연결되어 있지 않았을까요? 젊은이들에게는 전통 방식으로 농사짓는 것이 너무 구식으로 보이지 않겠냐는 생각도 들고요. 젊은이들이 과연 기후위기를 몸으로 맞닥뜨린 환경에서 농업에 들어올지, 농업의 인구와 농업계의 부피를 유지하기 위해서 혁신적인 기술이 도입되어야 하지 않을지 등등. 덧붙여 안전하고 에너지를 덜 쓰는 농사 방식을 고민해야 하지 않을까라는 생각도 말씀드려봅니다.

김정섭 답이 있는 이야기는 아니지만 단순하게 정리하자면, 기후변화에 대응해서 농업 쪽이 가져가야 할 궁극적인 목표는 땅속에 탄소를 밀어넣는 것이어야 합니다. 땅속에 탄소를 가급적 많이 밀어넣는 방식의 농사가 많이 행해질 수 있도록 해야 합니다. 정책이나 기술 측면에서 해야 할 과제들이 있지만, 우선 당장 해야 할 일 중 하나는 그런 이미지를 선명하게 만들고 확산하는 것이라고 생각합니다. 먼저 농사를 시작하는 젊은 농업인을 어떻게 땅속에 탄소를 파묻는 전사의 이미지, 사회에 기여하는 일을 생업으로 선택한 사람이라는 이미지로 만들어갈 수 있을지를 고민해야 합니다. 그리고 그것을 토대로 세금 내는 시민들을 설득하고, 정부 정책을 바꾸는 데도 활용하는 일이 시급한 과제라는 생각이 듭니다. 이미지와 가시성이 있어야 정책이고 뭐고 시작이 될 것입니다. 일단은, 정부가 앞장서서 해결할 수 있다고 생각하지는 않습니다. 우선은 농사짓는 분들 중에 누가 나서서 보여줘야 하고, 정부가 그것을 권장하고 촉진하는 정책을 펼쳐야 하겠죠. 제일 먼저 서둘러야 할 것은 그런 이미지가 헛되거나 공허한 게 아니라는 점을 보여주는, 사실관계가 엄격하게 검증된 사례가 있어야 합니다. 사례를 빨리 만들어내는 것부터 시작해야겠다는 생각입니다.

정민철 '위기는 기회다'라는 식상한 말로 시작할 수밖에 없습니다. 우리나라 친환경농업이 시작한 1975년도는, 비료와 농약 사용으로 우리나라 식량자급률이 100%가 됐던 해입니다. 제가 볼 때 대부분은 위기에서 기회가 나타납니다. 김선생님이 '새로운 농민'이라고 표현했는데, 미국에서도 '뉴파머'라는 그룹들이 나타나거든요. 그 친구들이 농사짓는 방식이 기존과 약간 달라요, 느낌이 좀 달라요. 이런 식으로 새로운 관점으로 농업을 바라보는 새로운 농민들이 기후변화와 위기에 대응하는 주체로서 등장해야 하는 때가 바로 지금이 아닌가, 이제는 그럴 수밖에 없지 않나 생각합니다.

금창영 기후위기와 농사라는 주제로 장시간 논의를 했습니다. 오늘 이 자리는 마을학회 일소공도 기획편집위원회에서 준비했습니다. 최근 농촌과 농업 현장에서 심각하게 받아들이고 있는 기후위기와 관련해 기존 논의의 문제점을 살펴보고, 농민들이 숙고해야 할 내용과 해결방안을 알아봤습니다. 다른 산업 부분에 비해 농업 분야에서는 이렇다 할 준비가 없었다는 평가에서부터, 기존 대안들이 생산성 유지나 식량 증산의 측면에서 논의되며 나타나는 문제점까지 살펴보았습니다. 여기에서는 기존 유통시스템의 문제, 시설 재배나 스마트팜, 친환경농업 진영의 대응을 살펴보았는데요. 탄소저감을 중심에 두고, 그에 대한 지원을 정교하게 준비해야 한다는 결론에 이르렀습니다. 마지막으로 이런 농사를 지을 핵심주체는 어떻게 형성할 것인가에 대한 논의가 있었습니다. 오늘 이야기에서 농민들이 농사를 통해서 주도적으로 탄소를 줄이는 것을 핵심에 놓고 고민해야 한다는 부분이, 지금까지의 농업의 한계를 극복하는 탁월한 제안이라고 생각됩니다. 더불어 친환경농업에서 고민할 지점도 잘 지적된 듯합니다. 다만 기후위기와 관련해 농촌과 농업에 대한 치밀하고 신중한 국가의 정책적 지원이 필요하다고 할 때, 농민들의 주도적 노력이 또다시 정책에 의해 대상화되고 소모되지 않을까 우려도 좀 됩니다. 장시간 논의에 참석하신 세 분 선생님들 감사합니다.

연세 마음살림을 위한 개념어사전 1

커먼즈, 코먼, 커뮤니티

유대 짓는 콤무니스communis의 존재들

콤무니스communis의 존재들

유대칠
철학자

"모든 것은 공동의 것이다Omnia sunt communia." 신학자 토마스 뮌처 Thomas Muentzer가 꿈꾸던 세상이다. 물론 쉽지 않은 세상이다. 지금의 눈으로 봐도 쉽지 않은 세상이다. 지금 우리가 살아가는 세상의 거의 대부분의 것은 '주인'이 있다. 설령 그것이 자연물이라 해도 주인, 즉 소유주가 있다. 대표적으로 땅이 그렇다. 자연물인 땅도 누군가의 소유물이다. 그러니 누군가의 소유물인 땅에 함부로 들어갈 수 없다. 허락 없이 함부로 그곳에서 경제 활동을 할 수도 없다. 이익을 취할 수 없단 말이다. 그 까닭은 간단하다. 누군가의 소유물이기 때문이다. 이런 세상에선 "모든 것은 공동의 것이다"라는 말은 여전히 이루어지기 힘든 구호다. 하지만 고대 로마에선 지금의 우리와는 달랐던 모양이다. 유스티니아누스의 『법학제요Institutiones』의 한 부분을 보자.

> 1. 자연법으로는 모든 것은 공동의 것이며, 이는 다음과 같은 것이 있다. 공기와 흐르는 물 그리고 바다와 해안이다. 그리하여 별장, 기념물, 건물 등으로부터 떨어져 있는 한 누구도 해안에 접근하는 것을 막

지 못한다. 왜냐하면 별장 같은 것들은 바다처럼 만민법이 적용되는 것이 아니기 때문이다.

Et quidem naturali iure communia sunt omnium haec: aer et aqua profluens et mare et per hoc litora maris. nemo igitur adlitus maris accedere prohibetur, dum tamenvillis et monumentis et aedificiis abstineat, quia non sunt iuris gentium, sicut et mare.

2. 허나 모든 하천과 항구는 공동의 것이다. 그리하여 항구와 하천에서 물고기를 잡을 권리는 모든 이에게 공동의 것이다.

Flumina autem omnia et portus publicasunt: ideoque ius piscandi omnibus communeest in portibus fluminibusque.[1]

'별장'과 '기념물' 그리고 건물과 같은 것은 누군가의 소유물이다. 그렇기에 함부로 들어갈 수 없다. 그러나 '공기', '흐르는 물', '바다', '해안', '하천', '항구'는 다르다. 누구나 접근할 수 있다. 공동의 것이다. 당연히 '물고기를 잡을 권리'도 공동의 것이다. 사상적으로 보자면, 고대 철학자 아리스토텔레스와 중세 신학자 토마스 아퀴나스 역시 공유재산의 필요성을 인정했다. 하지만 지금 우리에겐 익숙하지 않다. 철저하게 소유주와 소유물 중심의 세상을 살고 있으니 말이다. 이런 세상에서 "모든 것이 공동의 것이다"라는 주장은 익숙지 않다. 그렇지만, 그 익숙하지 않은 것을 한 걸음 더 현실 쪽으로 불러오기 위해 애쓰는 것이 '철학의 의무'일지 모르겠다. 지금의 한계, 그 '밖'으로 힘겨운 한 걸음 조심스레 시작하는 것이 '철학의 쓸모'일지 모르겠다. 그렇기에 아직은 익숙하지 않은 단어들을 따져 들어가보려 한다. 그 첫 단어가

---

1 유스티니아누스, 「물物의 구분De rerum divisione」, 『법학제요』 2권 1장, 1~2문단.

'공동의'와 '공동의 것'이라는 의미의 라틴어 '콤무니스communis'와 '콤무니아communia'이다. 바로 이 라틴어에서 지금 우리가 한참 고민 중인 '커먼즈commons'가 등장했다.

커먼즈,
더불어 나눔의 주체이면서 대상

'커먼즈'는 여러 의미를 가진다. 우선 영어 사전에서 그 의미를 찾아보자. 이 단어의 한국어 의미는 '서민庶民', '하원下院', '공용 식당' 등이다. 그런데 여기에서 끝나지 않는다. 공동체성에 대한 철학적 고민에서 커먼즈는 또 다른 의미를 가진다. 커먼즈는 공동체에 속하거나 공동체가 집합적으로 소유하는 '공동의 것'을 의미한다. 하나의 단어가 '서민'과 '공동의 것'을 동시에 의미한다는 것이 흥미롭다.

커먼즈의 근원적인 뜻은 '더불어 나눔'이다. 그 어원이 되는 원시-인도유럽어족까지 거슬러 올라가보면 더욱 더 분명히 알 수 있다. 여기에서 더불어 나눔은, 누군가는 더 가지고 누군가는 덜 가지는 그러한 다양한 방식의 더불어 나눔이 아닌 '동등하게 더불어 나눔'이다. 이러한 더불어 나눔의 주체subjectum는 타인보다 더 가지지도 않고 덜 가지지도 않으며 동등하게 나누어 가지는 사람이다. 국가 공동체의 경우를 보자. 의무와 권리를 동등하게 더불어 나누어 가지는 사람이 바로 한 국가에서 '더불어 나눔'의 주체이다.

이같이 더불어 나눔의 '주체'라는 측면에서 커먼즈는 '서민' 혹은 '하원'이란 의미를 가지게 된다. 영국 의회에는 '하원House of Commons'과 '상원House of Lords'이 있다. 조금 과격하게 해석하면, 하원은 '서민

commons'의 집이고, 상원은 '귀족lords'의 집이다. 오래전 귀족은, 공동체의 일원으로 모두와 더불어 동등하게 나누어 가지지 않았다. 그들은 특별히 더 많은 권리를 가지고 있었다. 그러나 서민은 다르다. 서민은 권한과 권리에서도 공동체의 다른 서민들과 더불어 동등하게 나누어 가지는 사람이었다. 더불어 나눔의 주체인 서민은 14세기경부터 커먼즈로 불리기 시작했다.

그런데 더불어 나눔이라는 의미에서 나온 커먼즈는 더불어 나눔의 주체에 대한 이름이기만 한 것이 아니라, 더불어 나눔의 대상objectum에 대한 이름이기도 하다. 예를 들어, 커먼즈가 '공용 식당'을 나타내는 경우가 그렇다. 공용 식당은 누군가만의 식당이 아니다. 공동체의 구성원이라면, 누구나 평등하게 사용할 수 있는 식당이다. 당연히 출입과 사용이 제한되지 않는다. 이런 공용 식당은 '더불어 동등한 권리를 나누어 가진 주체'가 공동으로나 집단으로 가진 '더불어 나눔'의 대상이다. 이처럼 커먼즈는 '더불어 나눔'의 '주체'와 '대상'을 모두 의미하는 제법 흥미로운 단어다.

커먼즈는 같은 현대 영어인 '커먼common'에서 직접적으로 파생된 말이다. 그런데 커먼은 '공통의', '일반적', '보편적' 등 매우 복잡한 의미로 사용된다. 현대 영어에서 '제너럴general'과 '유니버설universal'도 유사한 의미를 가진다. 하지만 이들 셋은 어원이 서로 다르다. 뒤에서 살펴보겠지만, 그 서로 다른 어원에 따라 이들의 깊은 속뜻도 달라진다.

현대 영어 '커먼'은 라틴어 형용사 '콤무니스communis'에서 나온 말이다. 이 라틴어 단어는 '공통의', '공동의', '공유의', '일반적', '통례적' 등 비슷한 듯 보이지만 자세히 보면 무척 다른 의미들을 가진다. 이 라틴어 단어 역시 더 오랜 과거의 기원을 가진다. 바로 고古-라틴어 '콤모이니스co(m)moinis'다. 이 고-라틴어 역시 그 의미는 비슷하다. '공공의',

'여럿이 공유하는', '친근한' 등을 뜻한다. 그런데 고-라틴어 콤모이니스 역시 더 오랜 기원을 가진다. 바로 원시-인도유럽어족의 단어인 '콤모이니스ḱom-moy-ni-s'다. 이 단어는 두 부분의 결합으로 이루어져 있다. '더불어' 혹은 '함께'라는 의미를 가지는 '코ko'와 '가다', '움직이다', '바꾸다', '교환하다', '나누다'라는 의미를 가지는 '메이mey'에서 파생한 '모이노스moy-nós'다. 이 두 요소를 결합하면, '더불어 나누다'라는 말이 된다. 실제로 '콤모이니스ḱom-moy-ni-s'의 뜻은 '함께 나누어 가지다'이다.

조금 더 자세히 들어가보자. '메이mey' 즉 '나누다'라는 뜻의 원시-인도유럽어족 단어는 '봉사'라는 뜻의 원시-이탈리아어 '모이니오스moinios'의 기원이 되고, 또 '의무' 혹은 '직분'이라는 뜻의 라틴어 '무니아munia'와 '무누스munus'의 기원이 된다. 어떤 일을 함에 있어 그 일의 완성을 위해 각자의 몫을 나누어 가질 때, 그 나누어진 각자의 몫은 각자의 '의무'이고 '직분'이 된다. 만일 '메이mey'에서 파생된 말들이 그 같은 의미를 가진다면, 그것은 '커먼common'이란 단어에도 유사하게 적용될 수 있을 것이다. 하나의 사회나 공동체를 위해 각자의 몫을 공평하게 나누어 가진 이들, 그렇게 각자의 의무와 직분을 나누어 가진 이들, 이들은 분명 그 사회의 가장 일반적인 사람일 것이다. 특별히 더 많이 가진 이도 아니고, 특별히 더 적게 가진 이도 아니니 말이다.

그런 의미에서 14세기 후반, '콤무니스communis'는 '여럿에게 동등하게 속하는 것'을 두고 사용하는 표현이 되었다. 지금의 말로 '공통적'이라는 의미에서 '일상적' 혹은 '일반적'이라는 뜻으로 사용되기 시작한 것이다. 물론 이런 뜻으로만 사용된 것은 아니다. 14세기에는 '여러 남성에 의해 성적性的으로 더불어 나누어진 여성', '불결한'이라는 의미를 가지고 여성을 비하하는 언어로 사용되기도 했다.

'콤무니스communis'의 추상명사형인 '콤무니오communio'는 신학적으로 매우 중요한 말이다. 콤무니오는 성자 예수의 몸으로 여겨지는 하나뿐인 성체를 여럿이 '더불어 나눈다'라는 의미에서 '성체배령'의 의미를 가지며 사용되기 시작했다. 지금까지도 그런 의미로 사용된다. 그뿐 아니라 콤무니오는 '공유', '연대', '친교'의 의미로 사용되기도 한다.

콤무니스에서 나온 '콤무네commune'라는 라틴어도 '여럿이 더불어 나눈다'의 의미에서 나온 명사로, '더불어 나누어 가지는 것'이라는 점에서 '공통점', '공통적인 것' 그리고 '공유재산'의 뜻을 가진다. 결국 이 다양한 활용의 뿌리에 놓인 기본적인 의미는 '더불어 나눔'이다. '커먼즈commons'는 이들 단어의 후손이다. 그렇기에 커먼즈는 라틴어 '콤무네commune'의 의미인 '공유물'을 뜻하기도 하고, 라틴어 '콤무니스communis'의 의미인 '일반적'을 뜻하기도 한다.

코뮌,
공평하게 더불어 나누어 가지기 위해
의도적으로 애쓰는 공동체

현대 영어나 불어의 '코뮌commune'은 '공동의 이익·재산·소유' 그리고 '자원을 공유하는 의도된 공동체'에 대한 명칭으로 사용되곤 한다. 의도된 공동체는 가족처럼 자연적인 공동체가 아니다. 코뮌 역시 커먼즈처럼 '더불어 나눔'의 주체와 대상 모두를 의미한다. 대상을 나타낼 때 그것은 '공통점', '공통된 것' 혹은 '공유재산'이 될 수 있지만, 주체를 나타낼 때 '의도된 공동체'가 된다. 여기에서 '의도된 공동체'란 더불어 나눔의 공동체를 유지하기 위해 의도된 애씀이 필요함을 의미한다.

이를 조금 더 자세히 설명하기 위해 '콤무니스communis'의 추상명사 형인 '콤무니타스communitas'를 이해해야 한다. '콤무니타스'의 현대어 후손이 '커뮤니티community'다. '콤무니타스'는 '콤무니스'의 추상명사 이기에 기본적으로 '공통성' 혹은 '공동성'의 의미를 가진다. 그러나 이 라틴어는 그런 추상적인 의미로만 사용되지 않았다. 구체적인 어떤 것으로서의 '단체'와 '공동체' 등을 의미하기도 했다.

서구의 오랜 형이상학적 구조에 의하면, 추상명사의 존재론적 힘은 결코 추상적이지만은 않다. 예를 들어, '후마니타스humanitas', 즉 '사람 됨'은 '호모homo' 즉 '사람'을 사람으로 만드는 형이상학적 근거다. '사람'이 '사람'이 되는 이유는, 그 '사람'이 자기 가운데 '사람됨'을 구현하고 있기 때문이다. 여기에서 사람됨 즉 후마니타스를 구현하지 않는 다면, 사람은 제대로 사람이 되지 못한다. 예를 들어 아리스토텔레스의 정의에 따라 사람을 '이성적 동물'이라 하자. 그러면 여기서 '이성적 동물'이란 후마니타스를 구현하지 않으면, 달리 말해 이성적인 존재가 되기 위해 애쓰지 않으면, 온전한 '사람'이 아니다. 사람이 사람다움을 위해 애쓸 때 사람은 더 사람다워진다. 이것이 구체명사인 '호모homo'와 추상명사인 '후마니타스humanitas'의 형이상학적 관계다.

그렇다면 '공동체'를 제대로 '공동체'로 만드는 그 존재론적 원리 즉 근거가 공통성 즉 콤무니타스라 할 때, '코뮌'을 진짜 '코뮌'으로 만드는 것이 바로 콤무니타스이다. 의도적으로 더불어 나눔을 위해 애쓸 때, 더불어 공평하게 나누어 가지고자 애쓸 때, 이루어지는 공동체가 바로 코뮌이다. '더불어 공평하게 나누어 가지는 애씀' 없는 공동체는 참된 의미에서 '코뮌'이 아니다.

서로 다른 속뜻을 갖는
세 개의 비슷한 말

'커먼common'과 유사한 의미를 가진 영어 단어 가운데 하나가 '제너럴 general'이다. '제너럴'은 라틴어 '게누스genus'라는 말에서 나왔다. 게누스의 의미는 '태생', '혈통', '가문', '출신' 등이다. 이 말의 또 다른 형제 말 가운데 동사 '게네로genero'가 있다. 이 말의 의미는 '낳다', '생식하다', '발생시키다' 등이다. 또 다른 형제 말인 명사 '게네시스genesis'의 의미는 '탄생', '출생', '발생' 등이다. 이런 뜻의 말이 어떻게 '일반적'이라는 의미가 된 것일까. 서로 다른 '이 개'와 '저 개' 그리고 '그 개'의 가계家系를 거슬러 올라가면 한 마리의 '개'가 등장할 것이다. 그 한 마리의 '개'에서 모든 '개들'이 생긴 셈이 되니 말이다. 그 기원이 되는 한 마리의 개가, 그 개로부터 파생된 모든 개들의 이름이 되어버린 것이다. 그 출신과 기원이 이후 파생된 모든 것의 '일반적' 이름이 된 것이다. 이런 맥락에서 '게누스'는 논리학의 '유類'라는 개념으로도 사용된다. 이 말의 형용사 파생어인 '게네랄리스generalis'는 '일반적인' 혹은 '보통의'라는 뜻을 갖게 된다. 이 라틴어 형용사에서 나온 말이 영어 '제너럴 general'이며, 바로 이런 맥락에서 '일반적'이라는 의미를 가지게 된다.

앞서 본 '커먼common'이 지금의 의미를 가지게 된 경로와 '제너럴 general'은 너무나 다르다. 한 군대엔 여러 군인들이 있다. 그 군인들은 각각의 임무를 수행할 때, 기원 즉 명령권자가 필요하다. 그 명령권자에 의하여, 그 군대 안의 모든 군인들이 움직인다. 여기에서 그 명령권자인 장군은 그 군대 안 모든 군인들의 행동에 있어 '기원'이다. 그런 의미에서 '제너럴'은 '일반적인'이란 의미도 갖지만, '장군'이라는 명사가 되기도 한다. 그런 논리라면, 농구코트에서 공격을 이끄는 리더

십을 발휘하는 선수를 '플로어 제너럴floor general'이라고 하는 것도 이해할 수 있겠다.

'제너럴'을 '커먼'과 구분하기 위해 중세 장원 사회로 돌아가보자. 하나의 장원에서 일어나는 모든 일은 '영주'라는 하나의 '기원'에서 일어나는 일이다. 영주의 명령과 생각에 의하여, 장원에서 노동하는 모든 농노들의 노동 방식·시간·종류가 결정된다. '영주'는 '농노'와 동등하게 같은 임무와 의무를 나누어서 지고 있지 않다. 영주는 그들의 명령권자이며, 그들이 하는 모든 행위의 기원이다. 즉 영주는 '제너럴general'이다. 그리고 그 장원 안에서 장원의 일들을 동등하게 나누어 가지는 농노는 '커먼즈commons'이다. 그러니 이 두 단어가 '일반적'이라는 뜻으로 통용된다 해도 그 깊은 속뜻은 서로 분명히 다르다.

'커먼'은 '유니버설universal'과도 다르다. 이 두 말의 차이는 서양의 중세 형이상학으로 설명할 수 있다. 근본적으로 '유니버설'은 라틴어 '우니베르살리스universalis'에서 나온 말이다. "고양이는 동물이다"와 "개는 동물이다"라는 문장을 예로 들어보자. 우니베르살리스는 이처럼 서로 다른 주어主語인 '고양이'와 '개'를 쓴 두 개의 명제(문장)에서 '동물이다'처럼 동일한 술어가 주어진 경우와 관련된다. 즉, 우니베르살리스의 의미는 '전체적' 혹은 '일반적'이다. 이 단어는 '하나'라는 의미를 가진 '우누스unus'와 '향해서'라는 의미를 가진 '베르수스versus'로 이루어졌다. 결국 '하나를 향해서'라는 뜻이다.

이 말이 무슨 뜻인가? 서로 다른 세 사람이 눈앞에 있다고 가정하자. '유대칠'과 '정우성' 그리고 '장동건'이다. 이들은 서로 다른 몸과 영혼을 가진 완전히 구분되는 존재들이다. 하지만 이들 모두는 하나의 이름으로 서술된다. 바로 '사람'이다. 유대칠도 사람이고, 정우성과 장동건도 사람이다. 이 가운데 누가 '더' 사람이거나 '덜' 사람이 아니다. 모두가 '동등한' 사람이다. 서로 다른 세 존재이지만, 이 세 존재를 하나의 이름으로 부를 수 있게 하는 근거는 바로 '우니베르살리타스universalitas', 즉 (번역하면) '보편성' 때문이다. 서로 다른 여럿에 대한 '하나'의 술어는 바로 이 '우니베르살리타스'에 의하여 가능하다. 서로 다른 여럿이 '하나를 향해서' 있게 하는 것은 바로 우니베르살리타스 때문이다.

라틴어 추상명사 '우니베르살리타스universalitas'의 형용사형이 '우니베르살리스universalis'이고, 이 말이 바로 영어 '유니버설universal'의 기원이다. 우니베르살리타스의 핵심은 차이를 초월한 '하나됨'이다. 우니베르살리타스에는 차이가 들어설 자리가 없다. 구체적 현실 속에서는 피부색이 어떠하고 국적이 어떠하고 성격과 취향이 어떠하든지 상관없이, 그저 '사람됨'이라는 우니베르살리타스에 근거하여 '사람'이라 서술될 수 있다. 어찌 보면, 모든 사람을 사람이게 하는 하나의 형이상학적 근거가 '사람됨'이라는 우니베르살리타스 즉 보편성이다.

이제 '커먼즈commons'와의 차이가 드러난다. '구체적 차이 없는 하나됨의 측면에 있는 본성natura'이 우니베르살리타스이다. 그러나 차이를 가지는 구체적 존재들 가운데 있는 '본성'은 '커먼common'이다. '유대칠'과 '정우성'과 '장동건'은 서로 다른 존재다. 차이를 가진다. 그 차이를 넘어서는 하나됨의 본성으로 있는 '사람됨'을 '보편성universalitas'이라고 한다. 그런데 '유대칠'과 '정우성'과 '장동건' 가운데 있는 공평하게 나누어 가진 개별적 본성으로 '유대칠 가운데 사람됨'과 '정우성 가운데 사람됨'과 '장동건 가운데 사람됨'이 있다. 즉 이렇게 나누어 가진 하나된 본성을 중세인들은 '콤무니스 나투라communis natura', 즉 '공통본성'이라 했다. 그 의미를 풀어 쓰면 '더불어 나누어 가진 본성'이란 말이다. 이처럼 '유니버설universal'이 서로 다른 여럿의 차이를 초월하는 하나됨의 근거라면, 그 하나된 것을 동등하게 더불어 나누어 가진 주체와 그 주체가 가지는 대상이 '커먼즈'다. 그래서 '공유지'는 엄밀하게는 공통적인common 것이지 보편적인universal 것이 아니다.

더불어 있음의 행위를 통해 유지되는 더불어 있음의 공동체

'커먼common'은 '제너럴general'처럼 파생된 것의 시원이라는 의미에서 나온 '일반적'이란 의미도 아니고, '유니버설universal'처럼 여럿의 차이를 초월하는 하나된 술어라는 의미에서 나온 '보편적'이란 의미도 아니다. 커먼은 '더불어 나눔'이란 의미를 가진 말에서 나온 '공통적'이라는 의미의 말이다. 어원이 되는 라틴어 '콤무니스communis'도, 다시 그 라틴어의 어원이 되는 원시-인도유럽어 '콤모이니스kom-moy-ni-s'도, 기본적으로 '더불어 나눔'의 의미를 가진 말이다. '콤무니스'라는 라틴어 형용사로 수식되는 말들에도 '더불어 나눔'이라는 의미가 더해진다. 중세 철학자들이 그렇게 고민한 '콤무니스 나투라communis natura', 즉 '공통본성'도 그러하다. 여기에서 퀸틸리아누스Quintilianus의 유명한 라틴어 금언 하나를 읽어봄이 도움이 되겠다.

다른 이와 더불어 나누는 것은 소유함을 끝내는 것이다.
Quod commune cum alio est, desinet esse proprium.

공유한다는 것, 더불어 나눈다는 것, '콤무니스'로 수식되는 존재가 된다는 것은 자기 자신의 것, 고유한 자신만의 것, 즉 '프로프리움

proprium'으로 수식되는 존재에서 벗어난다는 말이 된다. '콤무니스communis'의 존재가 된다는 것은 바로 그런 것이다. 또 하나의 금언을 읽어보자. 푸블리우스 테렌티우스 아페르Publius Terentius Afer의 말이다.

여기에 오랜 이야기가 하나 있네. 친구들 사이 모든 것은 그들 가운데 더불어 나누어진 것이라네.

Vetus verbum hoc quidem est: Communia esse amicorum inter se omnia.

친구 사이의 것, 하나의 공동체를 이루는 일원들 사이의 것, 그것은 더불어 나누어진 것이다. 위의 두 명언을 보면, 결국 '더불어 나눔'은 더 이상 온전히 나만의 것으로 있지 않다는 것이다. 친구 사이 모든 것, 즉 공동체 가운데 모든 것은 온전히 나만의 것으로 있지 않고 더불어 나누어져 있다는 말이다. 하나의 사회, 하나의 더불어 있음의 공동체는 더불어 있음의 행위를 통하여 더불어 있음의 공동체로 유지된다.

의도된 더불어 있음의 공동체인 '코뮌commune'은 더불어 있음의 애씀과 마음인 '콤무니타스'를 통하여 참된 코뮌이 된다. 이렇게 될 때, 코뮌 가운데 '더불어 있음의 주체'인 개인으로서의 '서민'과 집단으로서의 '공동체'뿐 아니라, '더불어 있음의 대상'인 '공동의 것'도 온전하게 '콤무니타스communitas'로 지시 가능한 것이 된다. 1215년 영국의 『대헌장Magna Carta』 이후, 서민들이 영국의 정치 주체의 일원으로 등장했다. 서민, 즉 커먼즈는 숲이 왕의 '소유물proprium'이 아니라, '더불어 나눔의 대상'임을 외치기 시작했다. 생존을 위해 숲은 '콤무니스communis'의 존재가 되어야 한다는 1217년 『숲에 대한 대헌장Magna Charta de Foresta』은 그렇게 본다면, 당연한 수순手順이다.

'커먼즈'라는 말과 그 말의 어원을 따라가며 알게 된 사실이 이와 같다. 그러면, 이 말이 우리에게 전하는 지혜는 자본주의와 소유물과 소유주가 너무나 당연한 세상에선 조금 어색하고 불편한 지혜일지 모르겠다. "모든 것은 더불어 나누어진 것이다 Omnia sunt communia." 신학자 토마스 뮌처가 꿈꾸던 세상은 아직 우리에겐 숙제일지 모르겠다. '콤무니스'의 존재가 된다는 것, 그리고 그것을 이룬다는 것, 모두 우리에겐 아직 못 다한 숙제일지 모르겠다.

세평 책 너머 삶을 읽다

장정일 세계사의 또 다른 쪽
정기황 농민, 잃어버린 20년과 앞으로의 20년

세계사의 또 다른 쪽

장정일
시인, 소설가

우리는 모두 아나키스트다
제임스 C. 스콧 지음
김훈 옮김 | 여름언덕 | 2014

아나키즘anarchism이라는 단어를 마주할 때마다, 우리가 만나는 것은 그것의 실재라기보다 이 단어가 내뿜는 부정적인 선입견이다. 아나키즘은 그리스어 '아나르코스anarkhos'에서 나왔는데, 이 단어는 an(없이)+arkhos(지도자)가 합쳐진 것이다. 해상 국가였던 그리스에서 지도자는 곧 선장을 뜻했으니, 아나르코스는 '선장이 없는 배'이다. 배에 선장이 없는 것은 정상이라고 하기 어렵고, 이런 상태는 배를 탄 사람들을 불안하게 한다. 이런 어원적 기원은 아나키즘을 부정적이게 만든다. 아나키즘의 어원적 기원이나 그것의 번역어인 '무정부주의無政府主義'는 아나키즘을 군주 또는 정부의 부재에 따른 무정부 상태, 무법·무질서, 정권 부재로 인한 정치적·사회적 혼란을 부추기거나 그런 상태를 좋은 정치인양 호도하게 만든다.

특히 한국에서 아나키즘은 '빨갱이'보다 더 불온하게 취급되거나 지적으로 '멍청한' 것으로 여겨진다. 때문에 제임스 C. 스콧의 『우리는 모두 아나키스트다』에 대해 말하기 전에, 개념사 시리즈의 한 권으로 나온 하승우의 『아나키즘』(책세상, 2008)을 통해 아나키즘에 대한 오해부터 바로 잡아보자. 36년간 일제에게 나라를 빼앗겼던 민족적 치욕과 해방 이후 이념이 낳은 민족의 비극은 한국인으로 하여금 국가를 절대선으로 받들게 만들었다. 정부와 남북한의 좌우 이데올로기 모두를 부정하는 아나키즘은 한국인의 이런 역사적 경험을 부정하는 것처럼 보인다. 또 많은 비판자들은 아나키즘을 서양에서 건너온 외래사상으로 간주하고 동양 전통과 무관하게 생각한다. 이 두 가지가 한국에서의 아나키즘 이해를 가로막는다.

먼저, 아나키즘을 무정부주의로만 받아들이게 되면 아나키즘의 다채로운 면을 깨닫지 못하게 된다. 아나키즘을 삶의 신념으로 받아들이는 사람들은 아나키즘을 단순히 '무정부주의'로 번역하지 않는다면서, 지은이는 "아나키즘이 추구하는 미래는 완전한 무질서가 아니라 내가 합의한 질서를 뜻한다. 아나키스트는 모든 권위를 무조건 반대하는 것이 아니라 강압적이고 억압적인 권력을 거부한다. 아나키스트는 스스로 동의한 권위라면 전체의 결정이라도 자신이 결정한 것처럼 따르려 한다"(12쪽)라고 말한다. 아나키즘은 국가나 정부만 아니라 생산과 개발을 신조로 삼는 자본주의, 지역과 생태계를 파괴하는 세계화, 여성을 억압하는 가부장제 등, 나를 둘러싼 모든 억압에 반전과 양심적 병역거부 같은 활동으로 저항한다.

다음으로, 아나키즘은 1910년대 이후 한국 땅에 들어오기 이전에 동양에 이미 존재했다. 중국 고대 철학 가운데 피지배 계층의 입장에 가장 가까이 서있다는 묵자의 겸애와 비공非攻(=반전)사상이나 자연 질서를 인간의 이성보다 우위에 놓은 노자의의 무위無爲사상에서 아나키즘의 맥을 찾을 수 있다. 또 유교라면 무조건 백성의 복종만을 강조하고 왕의 지배를 정당화했을 것 같지만, 맹자의 민본사상은 잘못된 지배를 거절하는 아나키즘과 통하는 데가 있다. 『맹자』(책세상, 2002)에서 한 대목을 인용한다. "백성이 가장 귀하고, 사직이 다음이고, 군주는 가장 가볍다. 이런 까닭에 일반 백성의 마음을 얻으면 천자가 되었고, 천자의 신임을 얻으면 제후가 되었고, 제후의 신임을 얻으면 기껏 대부가 되었다. 제후가 사직을 위태롭게 만들면 제후를 갈아 치운다"(156쪽). 유교 경전 가운데 하나인 『예기』에는 천하공물설天下公物說과 세계를 한 가족으로 보는 대동사상大同思想이 언급되어 있는데, 전자는 '소유는 도둑질'이라고 외친 프루동보다 훨씬 앞선 것이다.

　아나키스트 인류학자로 불리는 제임스 C. 스콧은 『우리는 모두 아나키스트다』에서, 오늘날 지구상에서 벌어지고 있는 문화적·정치적·경제적 다양성의 대대적 축소와, 그것에 대한 반대급부로 팽창하게 된 전 세계적 표준화와 균질화는 18세기부터 보편적으로 자리잡기 시작한 '국가' 때문이라고 말한다. 작은 지방을 통합한 국가는 국가들끼리의 지역 통합을 용이하게 하고, 마지막엔 세계화로 모아진다. 이 과정에서 "나라 없는 무리, 부족, 자유도시, 읍성들의 느슨한 연합, 고립된 공동체"는 물론 '제국'마저 분쇄된다. "이런 소멸의 배후에 도사린 주범은 아나키스트들의 불구대천의 원수나 다름없는 국가다"(이상 99쪽). 하므로 세계화에 저항하기 위해서는 단단히 오해된 아나키즘, 즉 무정부주의로 다시 돌아가야 하는 것일까? 그렇지는 않다.

　지은이는 또 다른 곳에서 이렇게 말한다. "나는 많은 아나키즘 사상가들과 달리 국가가 어디에서나 항상 자유의 적이라고 믿지 않는다"(13쪽), "나는 자유를 위협하는 주체가 오로지 국가뿐이라는 주장도 역시 믿지 않는다"(14쪽). 지은이는 국가의 필요성을 거론하면서 1957년 아칸소 주 리틀록에서 연방군이 성난 백인들의 위협을 무릅쓰고 흑인 아이들을 무사히 학교로 데려다준 장면을 꼽았다. 굳이 반세기도 전의 사례를 들 필요도 없이, 우리는 현재 겪고 있는 코로나19 사태에서 국가의 책임과 역할이 얼마나 중한지 잘 알고 있다. 코로나19라는 예외상태를 빌미로 국가가 전체주의적 권한을 강화할 것이라는 우려도 있으나, 코로나19 사태 앞에 선 현재, 방역에서부터 복지에 이르기까지 국가의 손을 빌리지 않고 해결할 수 있는 것은 없다.

모든 "강압적이고 억압적인 권력을 거부"(하승우)해야 한다는 아나키즘 고유의 명제와, 권력의 최고 형태인 국가가 "항상 자유의 적"(제임스 C. 스콧)이 아니라는 주장은 서로 충돌하는 것처럼 보인다. 하지만 미셸 푸코의 권력론을 참조하면 국가가 항상 적이 아닐 뿐더러 "국가가 어떤 상황에서는 해방자의 역할을 할 수도 있다"(13쪽)는 제임스 C. 스콧의 주장이 아나키즘 고유의 명제와 반드시 충돌하지는 않음을 알게 된다. 푸코는 권력을 지배자가 지배받는 자에게 휘두르는 것(이 형태의 대표적인 것이 국가공권력에 의한 금지와 처벌이다)으로 보지 않았고, 권력을 없앨 수 있다고도 생각하지 않았다. 권력은 스며들어 있으며 어디에나 있다. 권력은 내 가족, 이웃, 직장, 지역은 물론 친구들끼리 모인 자리에도 스며있다. 관계가 있는 어디에나 권력이 있다는 말은 어떤 관계에서는 내가 갑이지만 어떤 관계에서는 내가 을인 상황도 만들어진다는 뜻이지만, 관계가 있는 한 권력은 없앨 수 없다는 뜻이기도 하다. 국가만 적으로 삼아서는 자유를 획득할 수 없다.

앞서 전제했던 푸코의 권력론대로라면, 권력을 무너뜨려봤자 아무런 소용이 없다. 이승만 시절 야당과 여당이 장군 멍군하듯 '못살겠다 갈아보자', '구관이 명관이다'라는 선거 구호를 주고받은 것을 보라. 변증법적으로 합쳐진 두 구호는 '갈아봤자 그게 그거'라고 우리들 귀에 속삭이지 않는가(그래서 현재는 '박근혜 때가 더 나았다'라고 말하는 이들마저 나오게 된 것 아닌가). 야당이 여당이 되고, 여당이 야당이 되는 악무한을 계속해봤자 권력은 닳아 없어지지 않는다. 그래서 푸코는 전반적이고 급진적인 혁명 개념을 거부했고, 무정부주의에 곁눈질하지도 않는다. 혁명으로 들어선 정권이 반드시 도로 뒤집혀져야 할 '구 정권(구악)'이 되는 것은 시간 문제이고, 무정부주의 또한 정부가 없기를 바라는 사람들을 대상으로 한 극단적인 형태의 정부를 세우는 것에 지나지 않는다.

　권력은 없어질 수 없으니 국가가 하는 대로 내버려두자는 게 아니다. 푸코의 권력론은 1978년 5월 프랑스철학회에서 한 강연「비판이란 무엇인가?」에 잘 요약되어 있다. 푸코는 이 강연에서 "저는 '우리는 통치 받기를 바라지 않는다. 우리는 전혀 통치받기를 바라지 않는다'는 식으로, 통치화에 정면으로 맞서는 단언을 통치화에 대립시킬 수 있다고 말하려는 것이 아닙니다"라면서, "제가 말씀드리고 싶은 것은, '어떻게 하면 이런 식으로, 이들에 의해서, 이런 원칙들의 이름으로, 이런 목표들을 위해, 이런 절차를 통해, 그런 식으로, 그것을 위해, 그들에 의해 통치 당하지 않을 것인가?'"(『비판이란 무엇인가?/자기 수양』, 동녘, 2016, 44쪽)라고 말한다. 다시 말해, 그는 '통치의 바깥은 없다'라고 단언한 뒤에, '어떻게 이런 식으로 통치당하지 않을 것인가?'를 강조한다. 푸코는 이 물음에 대한 실천으로서 지속적인 '비판적 태도'를 요구한다. 비판은 국가가 강요하는 복종으로부터 탈복종을 실천하는 것이자, 권력 밖에서의 소극적인 자유가 아닌 권력 관계 속에서 동태적인 자유를 확보하는 방법이고, 나도 통치에 참여하는 것이며(나의 두려움 없는 말하기parresia는 통치자로 하여금 더 나은 통치를 이끌어낼 수 있다), 이를 통해 우리는 윤리적(저항적) 주체가 된다.

　푸코의 권력론에 따르면, 무정부주의로는 결코 없어지지 않는 권력을 상대할 수 없으며, 관계 속에 저항적 주체를 심을 수 없고, 나쁜 통치를 끝낼 수 없다. 국가가 "항상 자유의 적"이 아니라고 한 제임스 C. 스콧의 말에는 그런 통찰이 들어 있다. 미국의 흑인민권운동은 적극적이고 지속적인 비판 행위가 국가의 더 나은 통치를 끌어낸 사례다. 1957년 당시 남부의 정황을 봤을 때, 미국 정부가 나서지 않았다면, 흑인 학생을 백인 학교에 등교시키는 방법은 제2의 남북전쟁이라는 수단밖에는 없었을 것이다(과장 같지만, 트럼프가 작년 대통령 선거에서 낙선한 이후, 제2의 남북전쟁이 필요하다는 극우 세력이 엄연히 존재한다). 그래서 스콧은 우리에게 주어진 과제는 국가의 폐지가 아니라 "그 괴물을 길들여야 한다"(17쪽)라고 말한다.

　『우리는 모두 아나키스트다』에는 현대 도시인의 삶과 밀접한 도로교통법 이야기가 몇 개 나온다(그게 아니더라도 이 책에는 '길' 이야기가 자주 나온다). 첫 번째는 31~37쪽에 있다. 지은이는 1990년대 늦여름, 베를린 장벽이 무너진 지 1년째인 동독의 한 작은 지방 도시를 관찰한 적이 있었다. 그는 구 동독 시민들이 차가 없는 휑한 길에 난 횡단보도 앞에서 신호등의 신호에 따라 움직이는 광경을 보고, '(악)법'에 자동적으로 순응하는 습관에 길들여진 시민에 대해 생각했다. 과거 300년 동안 일어난 위대한 혁명운동들은 경찰력뿐 아니라 법질서에 맞서 법과 관습을 깨뜨리기로 마음먹은 사람들의 용기로 이루어졌는데, 신호등처럼 시민의 생활 세계를 세세히 길들이는 장치에 의해 시민의 잠재성은 제거된다. 이래서는 언젠가 "정의와 합리의 이름으로 중요한 법을 어기라는 요청"을 받게 될 때, 아무런 행동도 못하게 된다. 푸코가 말하는 규율권력의 효과다. 그래서 지은이는 이렇게 권고한다. "합당하지 않은 사소한 법들을 매일 어기도록 하세요. 어떤 법이 정의롭고 합리적인 것인지 아닌지 자신의 머리를 사용해서 직접 판단해보세요. 그렇게 하다보면 여러분은 날렵하고 민첩한 정신자세를 유지하게 될 겁니다. 그리고 언젠가 중요한 날이 오면 여러분은 이미 준비되어 있을 겁니다."(이상 36쪽) 지은이의 동료인 어느 인류학자는 이 방법에 '아나키스트식 유연체조'라는 명칭을 선사했는데, 아나키스트식 유연체조는 푸코가 최소한의 통치를 받으며 더 나은 통치를 낳기 위해 필요한 실천으로 꼽고 있는 파레시아(두려움 없이 말하기)와 다르지 않다.

두 번째는 134~137쪽에 있다. 1999년 네덜란드의 작은 도시 드라흐텐에서는 하루에 2만 2000대의 차량이 오가는 도시에서 가장 붐비는 교차로의 신호등을 없애는 실험을 했다. 드라흐텐 시는 어느 날, 우연히 정전으로 신호등이 꺼졌는데도 불구하고 교통 혼란이 벌어지는 대신 차량의 흐름이 더 빨라진 것을 보고 이 실험에 착수했다. 그 결과 신호등을 철거하고 난 2년 동안 일어난 교통사고는 단 2건에 불과했는데, 신호등을 철거하기 이전의 4년 동안 일어난 교통사고는 36건이었다. 지은이는 이 실험 결과를 평가하면서 인간은 자율적이 될 때 더욱 사려 깊고 예절 바르게 행동한다고 한다. 오히려 (교통) 법규가 많을수록 운전자는 법규 내에서 최대한 이익을 추구하게 되고, 법규가 정하지 않은 예절은 모조리 무시하게 된다. 지은이는 이 성공 사례를 아나키즘의 핵심과 연결시킨다. "자주성과 자유는 상호부조의 정신과 더불어 무정부주의적 감성의 핵심에 자리 잡고 있다"(139쪽).

지은이의 또 다른 책 『조미아, 지배받지 않는 사람들』(삼천리, 2015)은 『우리는 모두 아나키스트다』보다 국내 번역이 1년 늦었지만,

뒤의 책보다 3년 앞서 나왔다.『우리는 모두 아나키스트다』를 먼저 집으면 600여 쪽에 가까운『조미아, 지배받지 않는 사람들』의 중요 논의를 더 잘 쫓아갈 수 있다. 기존의 주류 역사는 국가에 저항하면서 국가로부터 도망하려고 했던 소수 집단을 야만인으로 취급해왔다. 하지만 지은이는 동남아시아의 산악지대(조미아)에 흩어져 살았던 약 1억 명 가량의 소수민족을 연구한 이 책에서, 주류 역사가 구획해놓은 '문명 대 야만'이라는 등식의 문명담론을 해체하고, 어느 국가에도 포섭되지 않으면서 스스로 국가 만들기에도 나서지 않았던 이들을 "자발적인 야만인"(19쪽)이라고 일컫는다. 지은이는 조미아에 흩어져 사는 여러 종족은 물론이고, 집시·코자크족·베르베르족·몽골족·도곤족(서아프리카 말리에 살고 있는 종족) 등을 세계사의 부스러기가 아니라, '국가 괴물 Leviathan'을 중심에 놓고 벌어진 구심력(국가 만들기)과 원심력(국가 피하기) 운동 가운데 국가로부터 도주하려고 했던 세계사의 "중요한 부분"(552쪽)이라고 본다. 지은이의 신념에 따르면, 후자의 세계사는 역사의 뒤안길로 사라지지 않고 아나키스트에 의해 전승되고 있다.

덧붙임. 제임스 C. 스콧은『우리는 모두 아나키스트다』51쪽과 109쪽에서 "우리는 걸음으로써 길을 만든다"는 장자의 금언을 애용하고 있다. 그 길은 국가로부터 도주하는 길이기도 하고, 동시에 법이 우회하라고 지정해 놓은 금지구역을 자꾸 딛고 지나감으로써 우리 것이 된 지름길이다. 1650년에서 1850년 사이의 200년 동안 영국에서 가장 인기 있었던 범죄는 왕이나 귀족이 출입을 금지한 사유지를 자꾸 뚫고 들어가 동물을 사냥하거나 물고기를 잡고 땔감과 꿀(가축을 먹일 풀)을 불법 채취하는 것이었다. 아나키스트일리 만무했던 시골 주민들은 왕과 귀족들의 소유권 주장을 결코 인정하지 않았고, "그들의 소유권을 집단적으로, 거듭 반복해서 침해했으며 그 바람에 많은 지역에서 왕과 귀족들의 소유권 주장이 사문서가 되어버렸다"(45쪽). 이것은 멋진 길이다. 지은이는 임대료가 폭등한 유럽의 대도시에서 스콰트squat(빈집 무단점거)를 벌이는 사람들을 향해 "우리는 걸음으로써 길을 만든다"고 응원할 것이다.

농민, 잃어버린 20년과 앞으로의 20년

정기황
건축가

장인
현대문명이 잃어버린 생각하는 손
리차드 세넷 지음
김홍식 옮김 | 21세기북스 | 2010

농민은 숙련된 장인일까? 답은 '아니다'다. 적어도 사회적 통념상으로는 그렇다. 농업은 할 일 없으면 누구나 할 수 있는 일 정도로 인식된다. 이는 귀농 실패의 주된 이유 중 하나다. 귀농에 성공한 사람들은 "기존 주민 또는 영농 선배에게 배워라", "자신에게 맞는 작물을 찾는 데 시간을 들여야 한다"라고 말한다. 농사에는 인간과 작물의 특성에 따른 숙련된 기술이 필요하다는 뜻이다. 이는 농민이 단순히 생산량을 늘리기 위한 (농업)기술과 경제적 이익을 넘어서는 자신만의 가치를 추구하는 주체임을 보여준다. 플라톤은 장인을 '어떤 일이든 대충 일하기를 거부하고 최고의 경지를 향해 달려가는 사람'(7쪽)으로 보았다. 그런데 왜 이런 농민의 장인적 특성은 사회적으로 인정되지 않을까? 심지어 농민 스스로도 자신의 장인성을 인정하지 않는다. 이는 근래 농촌의 인구감소와 노령화가 빠르게 진행되는 현상과 무관하지 않다. 농촌에서 태어나 자란 아이들은 서울로 떠난다. 논밭 팔아 서울로 떠난다. 서울의 대학으로, 서울의 직장으로 출세를 위해 떠난다. 애고 어른이고 같은 생각을 하게 됐다. 만약 사회적 차원에서 농민이 장인으로 인정되었더라도 같은 결과가 빚어졌을까? 농민들이 스스로를 장인으로 인식했다면 그렇지 않았을 것이다.

    정부는 농촌을 농사의 터전을 일궈온 장인으로서의 농민이 아니라 경제적 이익을 창출하는 산업으로서의 농업을 기준으로 판단한다. 한국은 자유무역협정FTA을 통해 공산품의 수출시장을 넓히는 대신 생산성 낮은 농업을 내어주었다. 이 협상에서 농민의 목소리는 반영되지 않았다. 그럴 필요가 없었다. 정부에게 농업정책이란 관련 통계자료면 충분하고, 손실만큼의 비용을 지불하면 된다고 여겼기 때문이다. 정부의 농업정책에 '귀농정책'만 있고 '귀촌정책'은 없는 이유이기도 하다. 역귀농의 많은 이유가 농업 이외의 일자리, 자녀 교육, 문화 향유, 건강 등 농업 이외 부분 때문이라는 것이 이 주장을 방증한다.[1] 한국 농촌에는 농업은 있고, 농민은 없다.

    『장인』에서 저자 리처드 세넷은 장인의 '행동의 가치'를 근간으로 사회 전반의 문제를 되짚어보려고 한다. 세넷은, 서구사회가 '생각하는 인간'과 '행동하는 인간'을 분리하고, 생각하는 인간이 기획한 것을 행동하는 인간이 실행하는 위계적 사고를 통해, 인간과 인간성을 파괴해왔다고 본다. 한국사회에서도 '생각하는 인간'은 '학벌'의 문제가 말

---

[1] 임승창, 〈귀농·귀촌인 100명 중 7명 도시로 'U턴'〉, 《KBS NEWS》, 2017년 09월 25일.

해주듯 '행동하는 인간'의 우위에 있다. '학벌'은 한국사회에서 무조건적·무비판적으로 우위를 차지한다. 최근 심각하게 다뤄지는 사회문제인 주택정책을 예로 들어보자. 한국의 주택정책은, 집에 살면서 그 집을 가꿔갈 '사용자', 집이 자리한 마을을 이루는 '공동체', 집짓는 장인인 '목수'가 아니라 서울대를 위시한 소수 일류대 출신 관료와 전문가에 의해 좌우된다. 세넷은 "현대 사회에는 극히 소수의 사람만이 훌륭한 일을 할 능력이 있다는 확신이 선입견으로 자리 잡"(435쪽)고 '학벌 엘리트주의'를 강화해서 엘리트 이외의 사람들을 '패배주의'에 빠트리는 구조적 문제가 있음을 지적한다.

이 구조적 차원의 지적에는 "기계와 싸우는 일보다 기계를 다루는 일에서 인간 해방의 근본적인 숙제를 찾자는"(194쪽) 문제제기도 담고 있다. 공장 컨베이어 벨트에 서서 분업화된 작업을 하는 노동자는 각자의 작업 이외에는 할 수 있는 일이 없다. 노동자가 기계와 싸우며 얻는 것은 스스로의 속도와 정확도를 단련해 생산성을 높이는 것뿐이다. 반면에 기계를 다루는 일은 전체 노동자 간의 소통을 전제로 기계의 속도를 조정하고 작업환경 자체를 바꿔갈 수 있다. 여기서 '기계'는 자본주의적 생산성과 합리성을 대변한다. 소수의 '생각하는 인간'이 만든 고정된 자본주의적 가치는 인간을 파편화하고 노동상품으로 만든다. 세넷은 그동안 소수 엘리트에 의해 배제되어온 '기계를 다루는 일', '행동하는 인간' 자체와 변형과 협업으로 이루어지는 변화에서 해결방안을 찾는다. 고정된 기계와 싸우는 일은 정부 정책처럼 위에서 계획되어 내려오는 하향식 행동이다. 반면에 기계를 다루는 일은 기획 자체를 기계의 사용주체인 노동자들이 하기 때문에 상향식으로 환경을 바꿀 수 있게 된다. 이처럼 기계를 스스로 다루는 행동하는 인간을 기초로 사회가 하향식이 아니라 상향식으로 형성되어야 한다는 것이다.

세넷은 『장인』을 통해 인간의 행동에 생각이 동반됨을 수많은 역사적 사례를 통해 밝히면서, '생각하는 인간'과 '행동하는 인간'이 분리되지 않음을 주장한다. 이런 입장 때문에 세넷은 이 책에서 한나 아렌트를 주된 비판 대상으로 삼는다. "아렌트는 평범한 인간에게 너무 많은 것을 요구하는 게 민주주의의 흠집이라고 본다. 현대 민주주의를 놓고 보자면, 평범한 인간에게 민주주의가 요구하는 것이 너무 없다는 편이 옳을 것이다. 현대 민주주의를 구성하는 제도들이나 통신 수단들은 일에서 보여주는 대다수 사람의 능력을 활용하지도 개발하지도 않는다"(462쪽). 세넷은 민주주의가 소수 권력자의 정치에 집중되어 인간(성)의 문제가 배제됨을 지적하면서, 아렌트뿐만 아니라 관념론의 허점을 비판한다.

이런 입장은 세넷의 '호모 파베르 프로젝트Homo Faber Project'의 기획에서 잘 드러난다. 이 책 『장인』은 『투게더』, 『짓기와 거주하기』로 이어지는 '호모 파베르 프로젝트' 3부작의 첫 번째 책이다. '호모 파베르'는 '호모 사피엔스'와 대립되는 인간관을 담는다. 호모 파베르는 인간을 이성적 사고를 하는 자가 아니라 '도구를 사용해 물건을 만드는 행위자'로 보는 개념이다. 이 프로젝트의 기획 의도는 3부작을 이루는 각 책의 부제에서 잘 드러난다. '호모 파베르'의 개념을 기초로, 『장인』은 그 부제 '현대문명이 잃어버린 생각하는 손'에서 암시되듯 개인이 하는 행위의 가치를 다룬다. 『투게더』의 부제는 '다른 사람들과 함께 살아가기'로, 사회적 관계로서 협업을 다룬다. 『짓기와 거주하기』의 부제는 '도시를 위한 윤리'로 수많은 개인이 함께 만들어온(만들어갈) 도시를 다룬다. 이 3부작은 한나 아렌트의 정치론, 퍼디낸드 퇴니에스의 공동체론, 마르틴 하이데거의 건축철학을 비판·보완하려는 기획을 담고 있다. 그 첫 책인 『장인』에서 세넷은, 인간 행동의 가치가 '인간이 경쟁 아닌 협업을 추구하며 도시의 소비자가 아닌 도시의 주인이 되는 것의 기초가 됨'을 규명한다. 마을(도시)은 누군가가 계획해 만든 상품이나 사유재산이 아니며, 인간은 구성원간의 소통과 협업을 통해 집을 짓고 거주하고 마을을 형성하는 주체로서 마을(도시)의 주인이 된다는 것이다.

세넷의 이런 고찰이, 한국의 농촌과 농민에게 어떤 통찰을 줄 수 있을까? 마을을 뜻하는 한자 리里는 농경지田를 중심으로 모인 공동체의 단위를 뜻한다. 『주례周禮』에서는 25가家를 마을의 단위로 사용했고, 이웃隣은 5가家를 단위로 한다. 이 단위는 토지라는 공동자원을 기반으로 함께 농사를 짓고, 제사를 지내는 협업의 최소단위다. 제사는 풍년을 기원하는 것만 아니라 공동체 내의 갈등을 조정하거나 단결과 친목을 도모하는 행위였다. 제사를 뜻하는 한자 사社(모일 사/토지신 사)는, 제단을 형상화한 시示와 농경지를 의미하는 토土자가 결합되어 만들어진 글자로 이런 공동체적 의미를 담고 있다. 이후 사社는 마을자치조직, 지역자위조직, 정치결사체, 직능별 조직으로 발전했다. '사회社會'나 '회사會社'는 이런 발전 단계에서 만들어진 용어다. 사社는 인간이 자연과 사물을 변형하며 형성한 공감대의 가치를 담고 있다. 문화를 뜻하는 영어 'culture'의 어원이 'cultivate(땅을 경작하다)'에서 온 것과도 유사하다. 호모 파베르의 'faber(파베르)'는 장인·숙련공·목수를 의미하는 'fac'를 어원으로 한다.

세넷의 주장이 타당함은, 동서양과 도시·농촌을 불문하고 장인의 영역인 집과 마을(경관)을 만들어온 과정에서 확인할 수 있다. 현재 한국에서 집·마을·도시는 건설사가 대규모로 건설한 아파트 단지가 들어서며, 전문 업체가 생산한 상품 정도로 인식된다. 1962년 건설된 마포아파트는 정부가 건설한 첫 번째 아파트 단지다. 그러니 불과 60여

년 만에 변화된 일이다. 정부 주도의 기계적 주택공급정책의 결과다. 농촌의 주택 또한 새마을운동의 일환으로 전국이 일괄적으로 개조되었다. 세넷이 아렌트를 비판하듯 정치·정책에 집중되어 개인과 지역의 행위 주체성과 행위 가치를 배제하는 '보편화의 오류'라고 할 수 있다.

그럼에도 여전히 농촌 마을의 주택은 마을마다 유사성을 가지고 있다. 비록 오늘날 그 유사성이 급격히 흐려지고 있지만 여전히 각 마을마다 나름의 유사성을 띤다. 지붕의 형태와 색상, 공간 구조, 규모 등 주택의 전체적인 면에서 그렇다. 그 이유는 목수가 마을의 구성원이었고, 집을 새로 짓거나 지붕을 고치기는 등 큰 공사의 경우 마을 공동체 전체가 참여하는 방식으로 만들어졌기 때문이다. 농촌의 집과 마을 유형은 주요 재배작물·지형·기후 등의 조건과 구성원의 역량, 구성원 간의 공감대에 따라 만들어졌다. 목수뿐만 아니라 농악·의례 등을 집행하는 장인까지, 농촌 마을의 장인들이 농업을 기반으로 생활하면서 특정 역할을 해온 것도 공감대를 이루는 데 큰 역할을 했다. 오랜 협업을 통한 변화와 합의가 반영될 수밖에 없었기 때문이다. 이런 식으로 마을 집과 경관이 형성되던 농촌 문화는 이제 사라졌다. 그럼에도 아직까지 과거 문화에서 조성된 집과 마을이 주를 이루기 때문에 물리적으로는 그 형상이 남아 있다. 따라서 과거 마을의 형성 과정을 보면 농경과 마을의 관계가 더 명확히 드러난다.

새마을운동 이전에 주를 이룬 주택유형인 초가집이 대표적인 예이다. 초가집의 주 구조체인 목재는 인근 지역의 산에서 채취하고, 지붕의 주재료인 볏짚은 논농사의 부산물을 사용했다. 산이나 논을 소유하지 않더라도 생존 조건이 되는 자연을 공유해왔기 때문에 가능한 일이었다. 집짓는 일 또한 가능한 적정기술로 구성원의 협업을 통해 이루어졌다. 기둥을 세우는 입주立柱, 마지막 도리樑를 올리는 상량은 마을의 축제였다. 그리고 매년 함께 추수를 마치고 볏짚을 수거해 초가를 엮어 지붕을 얹는 작업을 함께하며 집과 마을 경관을 만들어왔다. 세넷은 자연이라는 사물을 장인이 변형하고, 장인 간의 협업을 통해 공동체를 형성해왔다고 본다. 마찬가지로 한국 농촌 상황 역시 토지라는 사물을 농민이 변형하고, 농민 간의 협업을 통해 마을 경관과 마을 공동체를 형성해왔다고 볼 수 있다. 이런 마을에서는 부유하다고 해서 아무 곳에나, 아무런 형태나 규모로 자유롭게 집을 지을 수 없었다. 농경을 기반으로 정주 생활을 하면서 합좌제, 대동회[2], 동계 등 공동체의 상호부조를 강조하는 자치적 의결제도 발달했다. 얼마 전까지만 해도 마을 경관은 마을 단위에서 논의를 통해 결정했다. 이런 마을 문화가 지속되었다면, 최근 농촌 마을에 난립하는 축사·공장 등의 난개발은 법제나 계획 등으로 규제하지 않더라도 일어나지 않았을 것이다.

농민이 토지를 함께 경작하고, 마을을 함께 만드는 일은 "이성"이 아니라 "상상력을 동원해서 교감하고 공감하는 행위"(156쪽)에 속한다. 또한 발전의 선후관계는 확인할 수 없지만, 사물을 변형하면서 도구는 발전했고, 도구의 응용을 통해 새로운 도구가 만들어졌다. 농사를 짓기 위한 도구인 호미·낫·삽 등과 집을 짓기 위한 자귀·망치·톱은 원리의 유사성을 가지고 있다. 호미는 사람이 앉아서 토지를 일구는 도구다. 호미는 땅에 쉽게 들어가기 위해서 끝이 뾰족해야 한다. 흙을 퍼내기 위해서는 윗면이 넓어야 한다. 앉아서 한손으로 잡고 힘을 쓰기 위해서는 수직으로 꺾여야만 한다. 목재를 깎아내는 자귀는 다른

---

2 대동회大同會의 의의: "마을사회에서 대동회는 마을의 구성원들이 한 자리에 모여 공동관심사를 자치적으로 논의함으로써, 참여의식을 고취시키고 귀속감을 재확인하는 자리를 마련한다. 다음으로 같은 마을공동체의 성원으로 상호부조정신을 강조하여 사회적 협동을 강화한다.", 『한국민속대백과사전』(https://folkency.nfm.go.kr/kr/main).

사물을 변형할 뿐 호미와 원리는 동일하다. 삽은 호미의 힘의 방향을 바꾼 도구다. 삽은 양쪽으로 줄을 매달아 세 명이 협업을 통해 사용할 수 있도록 발전했다. 톱은 두 명이 협업하는 과정을 통해 양쪽에서 잡아당기는 방식으로 발전하기도 했다. "물질적 조건의 변화와 더불어 새 도구를 새로운 일에 쓰게 될 때 일반형[3]은 더욱 복잡하게 진화"(207쪽)해온 것이다.

　농사와 집짓기는 협업과 공동체 형성의 기초였고, 동시에 협업과 공동체를 기반으로 발전해왔다. 하지만 이제 함께 사용하는 삽과 톱은 존재 자체가 사라졌다. 집과 마을 경관은 사유재산권이라는 개인의 절대적·배타적 권리로 보장되어, (마을공동체가 만들어가는 것이 아니라) 타인이 제공하는 상품이 되었다. 수백 년간 공동체의 공감대를 바탕으로 형성되어온 마을(경관)은, 농업 중심의 보편적 정책과 법제에 의해 만들어진 '산업으로서 농업'이 아니라, '장인으로서 농민'의 능력을 활용해서 개발되어야 한다. 왜냐하면 행동하며 생각하고, 협업을 통해 사회를 변화시켜온 장인으로서의 농민만이 경제중심 가치관에 의해 빼앗긴 농민의 인간성과 농촌의 사용가치를 되찾을 수 있기 때문이다.

---

[3] 세넷이 말하는 일반형은 기존의 것이 새로운 일에 쓰이기 전의 상태를 가리킨다. 이 일반형은 예를 들어 토지를 개간하기 위한 도구인 호미의 원리를 나무를 깎는 도구에 사용하면 자귀로 발달하는 식으로 진화하게 된다.

『마을』은
여러분의 참여로
만들어집니다

『마을』을 읽고 난 소감과 의견을 보내주세요.
더 좋은 『마을』을 만들어가는 데 큰 도움이 됩니다.

투고를 받습니다

농어산촌 마을에서 살아가는 이야기,
농업·농촌·농민 문제에 관한 의견을 담은
독자 여러분의 원고와
농어산촌 마을 공간을 기록한 사진들(소장본 포함)을 모집합니다.
편집진의 검토를 거쳐 채택된 원고는
본지에 싣고 소정의 원고료를 친환경농산물로 드립니다.

독자 의견과 원고 및 사진 보내실 곳
마을학회 일소공도 사무국 maeulogy@gmail.com
원고 안에 소속(지역/마을 등), 성명과 연락처를 꼭 적어주세요.

저자들

강마야　충남연구원 경제산업연구실 연구위원으로 재직 중이다. 농업경제학 전공이고 현재 충남에서 농업정책 및 농가경제와 관련한 주제를 연구하고 있다. 농정제도와 정책중심의 연구를 하다 보니 자연스럽게 직불제, 농정추진체계 및 농정 재정구조, 농업·축산 환경 문제, 농지 문제 등으로 고민의 폭을 확장해가고 있다.

권병준　1971년생. 새로운 악기와 무대 장치를 개발하고 활용해서 음악, 연극, 미술을 아우르는 뉴미디어 퍼포먼스를 기획·연출해왔다. 소리와 관련한 하드웨어 연구자이자, 사운드를 근간으로 하는 미디어 아티스트로 활동의 영역을 넓혀가는 중이다.

금창영　홍성군 홍동면에서 농사를 짓는다. 자연농 방식으로 100가지 이상의 작물을 심고 가꾼다. 농촌에 농민만이 아니라 다양한 직업인이 존재해야 하기에 청년과 사회적 경제에 관심을 가지고 있다. 노동과 여가, 자기실현의 적절한 균형이 중요하다고 생각해서 경작면적을 줄여서 지역주민으로서의 역할에 충실하고자 한다.

김정섭　한국농촌경제연구원 연구위원, 마을학회 일소공도 운영위원. 농촌의 지속가능성을 화두삼아 연구하고 있다. 적게 먹고, 삼천 권의 책을 읽고, 산책하고, 가끔 벗이 찾아오면 시절時節을 평評하며 지내고 싶다. 몰라도 아는 체해야 하는 전문 지식 행상을 강요하는 체계와 불화不和하고 싶다. 그러나 뜻대로 되지 않는다는 걸 배우며 산다.

김학량　1964년 강원도 명주군 연곡면 신왕리, 한 농가에서 나고 자랐다. 열 살 때 소도시 속초로 이사를 가 거기서 고등학교까지 다니고, 그 다음부터 수도권으로 옮겨 대학과 대학원에서 공부하고, 결혼하고, 직장도 다니며 큰 뜻 없이 살고 있다. 1998년부터 간간이 미술가로서 작업도 하며 사는데, 굳이 왜 하는가 묻는다면, 조석朝夕으로 싸리비 들어 마당을 쓴다든지 아침마다 일어나 이불 개는, 그런 일과 다름없다고 대답하겠다. 가끔 한강 하류에 나앉아 강바람 쐬며 물 구경하기를 좋아한다. 현재 동덕여자대학교 교원으로 있다. sooryoo@nate.com

박영선　마을학회 일소공도 기획편집위원장으로 일한다. 근현대 문명의 세부를 결정하는 시각매체인 사진과 시스템의 관계를 매개로 펼쳐지는 문화 현상에 관심 갖고 여러 방식으로 작업한다.

안승택　서울대학교 인류학과를 졸업하고, 동 대학원에서 석사 및 박사학위를 취득했다. (사)지역문화연구소, 전북대 쌀·삶·문명연구원, 서울대학교 규장각한국학연구원 등에서 일했고, 현재 경북대학교 고고인류학과에 있다. 전공은 역사인류학이며, 식민지시기를 중심으로 그 전후 시기를 오가며 재래 농업기술과 농민사회의 근대적 이행 양상을 다룬다. 생태와 경제를 분리하지 않는 오이코스의 민속학, '웅덩이에서 복원하는 역사'를 기치로 공부한다. 주요 논저로『식민지 조선의 근대 농법과 재래농법: 환경과 기술의 역사인류학』, 「농민의 풍우 인식에 나타나는 지식의 혼종성」, 「근현대 향촌사회에서 상여를 메던 '아랫것들'과 공동체의 '살갗'」, 「장마와 매우 사이」, 「폭력의 거처」, 「해방전후 한국농촌의 공동노동과 호락질」 등이 있다.

유대칠　어느 지방대 사라진 철학과 출신이다. 자본주의 사회에서 철학은 돈이 되지 않는 무력한 애씀일 뿐이었다. 그렇게 버려진 자리에서 버려진 애씀을 돌아보며 철학의 쓸모를 다시 고민하며 살아간다. 우리에게 제대로 쓸모 있는 철학, 우리에게 뜻으로 다가오는 철학, 바로 그 철학을 만들어내는 철학노동자가 되기 위해 애쓰며 살아가고 있다. 지은 책으로는『아퀴나스의 신학대전』과『신성한 모독자』그리고『대한민국철학사』가 있으며, 조만간 몇 권이 더 속간될 것이다.

유상균　물리학으로 박사학위를 받고 대학 교수로 재직하다 사표를 던지고 현재는 대안교육운동을 하고 있다. 함양에 살면서 농사도 지으며 2003년 개교한 녹색대학(온배움터)의 도약을 위해 노력하고 있고, 서울에서 대안대학 지순협을 함께 만들어 2015년부터 교수로 참여하고 있다. 학문의 본질은 이론과 실천의 조화라는 생각으로 매주 두 대안대학을 오가고 있다. 지은 책으로는『시민의 물리학』(2018)이 있다.

유현민 고향 강경江景에서 사진관을 운영하다가 도불, 프랑스 아를르국립사진학교에서 수학했다. 《浮-덧없음》, 《소요풍경첩逍遙風景帖》, 《산성무진도山城無盡圖》, 《벽암도碧巖圖》를 비롯한 20회의 개인전을 열었다. 흘러가는 시간과 그 증거에 대한 관심을 담은 그간의 작업은 시간 자체보다는 스쳐가는 존재들에 대한 기록들이다. 마치 고고학자가 과거의 기억을 찾아가듯 내 주변에서 만날 수 있는 풍경과 장면을 찾아 나선다. 현재 문화재기록 아카이브 프리랜서이자 소제창작촌 디렉터로 일한다.

장정일 1962년 경북 달성 출생, 1984년 무크지 『언어의 세계』에 시를 처음 발표한 이래 여러 장르의 글을 써왔다. 대표작으로 시집 『햄버거에 대한 명상』, 『길안에서의 택시잡기』 등이 있다.

정기황 건축학과에서 근대도시 서울의 변화과정에 대해 공부했고, 주로 일제 강점기와 군사정권기 충격으로 인한 도시와 주거의 적응과정을 기록해 건축학 석·박사 학위를 취득했다. 현재는 사단법인 문화도시연구소 소장으로 '북촌: 경복궁과 창덕궁 사이의 터전(서울역사박물관)' 등 장소인문학적 도시연구를 진행하고 있다. ㈜엑토종합건축사사무소 소장으로 건축설계를 하고 있다.

정민철 경주에서 태어나 대구에서 공부했다. 풀무학교와의 인연으로 홍동면으로 이주하여, 농사와 농촌 마을 그리고 교육에 대해 배웠다. 2012년 두 청년과 젊은협업농장을 협동조합 방식으로 만들어 농사를 짓고 있다. 아직은 농사를 배우고 싶어하는 청년들과 함께 일한다. 농장이 있는 장곡면 도산리에서 다양한 사람들과 교류하며 농촌 마을의 새로운 가능성을 모색 중이다.
협동조합젊은협업농장 collabofarm@gmail.com, collabo-farm.com

정영환 경기 양주 출신으로 풀무학교를 다니며 홍성과 인연을 맺었다. 도시에서 철학과 미학을 공부했으며, 2011년 홍성으로 돌아왔다. 농장에서 일하다 보니 협동조합젊은협업농장의 매니저를 맡게 되었고, 마을일을 하다 보니 새마을 지도자가 되었다. 마을학회 일소공도 기록분과 운영위원이기도 하다.

조대성 2010년에 홍성으로 귀농을 하여 농사를 짓고 있으며 작년부터 홍성유기농영농조합법인의 대표를 역임하고 있다. 그의 상상은 현실, 혹은 망상이 된다.

진명숙 다양한 정체성을 갖고 살고 있다. 딸 하나를 둔 엄마이면서, 홀로 계신 아버지를 측은해하는 딸이기도 하다. 전북대학교 고고인류학과에서 연구하고 교육하는 일로 생업을 꾸려가고 있다. 일본 산간농촌의 지역활성화를 주제로 박사논문을 썼으며, 농촌과 도시를 아우르는 지역재생, 여성주의와 문화인류학을 접목한 젠더 연구에 관심을 갖고 공부한다. 전주에 위치한 여성주의 모임 〈여성다시읽기〉와 동네책방 〈놀지〉의 책읽기 모임에서 함께 읽고 토론하는 즐거움을 만끽하고 있다. 농촌에서 나고 자랐으며, 자신을 키운 5할은 사계절 자연과 임실군 성밑城低 마을이라고 생각한다. sljin0815@jbnu.ac.kr

함성호 1990년 『문학과 사회』 여름호에 시를 발표. 1991년 공간 건축평론 신인상 수상. 시집으로 『56억 7천만년의 고독』, 『성타즈마할』, 『너무 아름다운 병』, 『키르티무카』가 있으며, 티베트 기행산문집 『허무의 기록』, 만화비평집 『만화당인생』, 건축평론집 『건축의 스트레스』, 『당신을 위해 지은 집』, 『철학으로 읽는 옛집』, 『반하는 건축』, 『아무것도 하지 않는 즐거움』을 썼다. 현재 건축실험집단 EON 대표.

마을 총목차

창간호 | 2017. 12. 17
농촌에서 공부하다

열며
다시 마을의 삶을 상상한다 | 박영선
트임 | **농촌에서 공부하다**
대화와 학습, 마을을 만드는 일 | 김정섭
농과 촌, 일과 학습, 마을과 학교 — 충남 홍성군 장곡면 젊은협업농장의 실험 | 정민철
학교를 넘어 마을과 함께 | 양병찬
울림
21세기의 일소공도 정신, 진리에 바탕한 사랑의 실천 | 홍순명, 이번영, 신소희, 장유리
이음 | **마을사람들의 도서관**
홍동밝맑도서관이 세워지기까지 | 이번영
안남배바우작은도서관과 주민 자치 | 황민호
비판과 저항으로서의 책읽기 | 안찬수
스밈
천 개의 기억 1 — 문화동어린이집 | 정예화, 장유리, 신소희
억울함과 공동체 | 금창영
홍동인상기 | 김건우
새로운 물결 | 신관호
홍성통, 청년을 공부하다 | 안현경
우리 지역에서 결혼하고 아이 낳으면 다른 데보다 돈 더 줄게 | 김명숙
번짐
일하는 노자 — 도가의 마을 구조 | 함성호
'정통 우익'의 장소적 기원, 혹은 온전히 설명되지 않은 그 용어
— 김건우의 『대한민국의 설계자들』을 읽고 | 장정일
부록 | 마을학회 일소공도 소개

통권 2호 | 2018. 7. 27
마을, 교육, 마을교육공동체

열며
마을, 교육환경에서 교육 주체로 | 김정섭, 박영선
트임 | 마을, 교육, 마을교육공동체
마을이 학교라더니? | 김정섭, 안현경, 정민철
마을교육공동체가 아니라 마을학교공동체다 | 임경수
마을 사람들이 마을을 위하여: 초록누리협동조합이 걸어가는 길 | 박진희
이음 | 마을 사람들의 아이 키우기
주민들이 세운 갓골어린이집 | 이번영, 장유리
사람과 마을을 변화시키는 공동육아 | 국승용
벼림
농촌의 지속가능성, 미래의 농민, 도전해야 할 과제 | 김정섭, 정민철, 황수철
스밈
천 개의 기억2: 현광학원 | 이민형, 신소희
상하중 마을의 옛 이름 | 신관호
진정 진심이 만나서야 말로 | 금창영
친환경 농업과 함께 살기 | 김경숙
꽃피는학교의 젊은협업농장 체험 보고서 | 송영미
숲에서 | 이준표
번짐
장소와 교육 | 장정일
일하는 노자2: 인仁의 마을에서 | 함성호
한국의 농민 연구, 미래를 그려보자:
얀 다우 판 더르 플루흐의 『농민과 농업』을 읽고 | 송원규
부록 | 마을학회 일소공도
창립선언문
함께 만드는 사람들
활동소식

통권 3호 | 2019. 1. 24
농지, 미래의 농農을 위한 땅

열며
공동의 땅, 공동의 기억과 미래를 위해 | 박영선
트임 | 농지, 미래의 농農을 위한 땅
한국 근현대 농지제도의 변천과 농업의 미래 | 박석두
청년 창업농과 농지지원정책:
청년 창업농은 '어떻게' 농지를 확보하여 이용하고 있는가? | 이향미
지속가능한 농지 공유화와 보전 | 홍순명
정농회의 공유농지운동 | 금창영
이음 | 농업환경 보전정책과 농촌 현실
농업생태환경 프로그램의 도입과 향후 과제 | 이관률
농업환경의 보전과 지역사회의 실천: 네덜란드 지역협동조합의 기원과 특징 | 김정섭
벼림 | 다기능 농업과 새로운 농민
농업농촌농민 연속좌담 | 다기능 농업과 새로운 농민 | 김정섭, 정민철, 황수철
스밈
금평리 김애마을 만주노인과 마을땅 | 최성윤, 이번영, 장유리
농부와 땅과 집 | 최문철
나의 유기인증 취소 체험기 | 조대성
숨은자원모으기 행사의 숨은 의미 | 정영환
스마트팜과 땅을 일구는 삶 | 김세빈
풀무학교와 젊은협업농장 | 정민철
번짐
인간은 책임을 희피하지 말라:
『인류세』와 『다른 세상을 위한 7가지 대안』 | 장정일
풍류와 공부 | 함성호
어의도—기억과 소멸 | 강홍구
지역창작공간의 사회적 의미: 충남 홍성군 이응노의 집 | 윤후영
마을의 삶을 소환하는 마을사진가들 | 박영선
부록 | 마을학회 일소공도 소개와 활동 기록

통권 4호 | 2019.8.30.
농민과 주민은 누구인가

열며
국가와 법의 호명 너머 | 박영선
트임 | 농민과 주민
농업인인가 농민인가 | 김정섭
농민 농업, 자율과 협동 | 얀 다우 판 더르 플루흐
여성농업인의 자리는 어디인가 | 김귀영
청년 농민을 키우는 지역의 실천농장 | 김기흥
누가 마을의 주인인가, 주민은 누구인가:
변화하는 농촌 사회, '마을 주민이 될 자격'을 다시 묻다 | 구자인
포토에세이 | 한국 근현대 마을 공간 변천기 2
사진/2번 국도 마을 풍경 | 이영섭
글/2번 국도 마을 풍경의 조건 | 이경민
스밈 | 농촌으로부터
윤재영씨 | 홍순명
Beyond 소농 | 조대성
협동조합젊은협업농장 실험보고서 2
젊은협업농장과 마을 | 정민철
일하는 노자 4
풍류에서 살기: 비보풍수와 도시재생 | 함성호
벼림 | 농업·농촌·농민 연속좌담 3
지역농업 조직화와 마을만들기 | 구자인, 김정섭, 정민철
서평 | 책 너머 삶을 읽다
촘스키가 없는 미국은 얼마나 끔찍할까 | 장정일
새로운 지역공동체를 위한 마을 속의 집 | 정기황

통권 5호 | 2020.2.20.
마을농업을 제안한다

열며
농업과 농촌의 상호지속은 어떻게 가능한가 | 박영선
트임 | 마을농업을 제안한다
왜 마을농업인가 | 구자인
전근대 농촌 사회의 두레 다시 보기 | 배영동
일본 집락영농의 현황과 시사점 | 유정규
농업환경 보전과 마을농업 | 김정섭
벼림 | 농업·농촌·농민 연속좌담 4
마을과 농업 | 구자인, 김정섭, 정민철
포토 에세이 | 한국 근현대 마을공간 변천기 3
불안, 불-안 | 정주하
스밈 | 농촌으로부터
귀농 20년, 기억나는 말들 | 길종갑
소농의 힘은 어디서 오는가 | 금창영
「윤재영 씨」, 그 뒤 | 홍순명
협동조합젊은협업농장 실험보고서 3: 협동조합과 젊은협업농장 | 정민철
일하는 노자 5
이야기가 만드는 인간과 공동체의 가치 | 함성호
서평 | 책 너머 삶을 읽다
꿈이 부담스러운 나이 | 조대성
생태를 보호하는 법과 '생태적 법질서' | 장정일

통권 6호 | 2020.9.18.
코로나 이후 사회와 농촌의 가능성
자치와 지원/보조, 그 경계의 불편함

열며
지금은 자본주의 시스템 전환을 위해 연대할 때 | 박영선
트임1 | 코로나 이후 사회와 농촌의 가능성
'더불어 삶'의 궁리, 코로나 이후 '철학'의 쓸모 | 유대칠
코로나 이후의 경제?:
아직도 끊임없이 성장해야 한다는 'GDP의 논리'가 판을 친다 | 김상철
코로나에서 희망 읽기: 정신의료 상황과 사회적 농업의 가치 | 안병은
사회적 거리 '좁히기' | 정기황
포토 에세이 | 한국 근현대 마을공간 변천기 4
변방의 가을 | 강홍구
트임2 | 자치와 지원/보조, 그 경계의 불편함
농업·농촌에 쓰이는 공공재정, 어떻게 볼 것인가 | 김정섭
보조사업 이대로 괜찮습니까?: 마을공동체의 자산화를 모색하며 | 임경수
보조사업이 농업과 농민에게 미치는 영향 | 박기윤
행정 보조금의 의미와 개선점 | 구자인
마을 자립 과정에 대한 보고서:
협동조합젊은협업농장 주변에 투입된 보조금에 관하여 | 정민철
벼림 | 농업·농촌·농민 연속좌담 5
농촌 마을에 보조금이 들어오면 | 강마야, 구자인, 김정섭, 정민철
서평 | 책 너머 삶을 읽다
정착이라는 신화: 『농경의 배신』 | 장정일
삶의 자세로서 '리터러시': 『유튜브는 책을 집어삼킬 것인가』 | 김건우

마을의 삶은
모두가
연결되어 있다는
진실에
공감하면서부터
시작됩니다

마을 6

코로나 이후 사회와 농촌의 가능성
자치와 지원/보조, 그 경계의 불편함

마을학회 일소공도

마을학회 일소공도
강학회 講學會

1박2일 12시간 연속 강연!
바쁜 삶을 되돌아보는 휴식과
좋은 삶을 찾는 공부가
깊고 행복하게 농촌에서 만납니다

강학講學은 조선시대 서원에서 스승과 유생이 함께 경서를 강독하고 뜻을 풀이하며 문답하는 학습 방식입니다. 강학 활동 중에서도 강회講會, symposium는 유능한 스승을 모셔 특정 주제나 교재를 중심으로 여러 사람이 모여 며칠밤낮으로 집중적인 논의와 토론을 하는 집단학습을 말합니다. 서원과 마을이 함께 배움의 장을 열고, 스승과 제자가 서로 도와 앎을 이루어가며, 그 공부를 생활세계인 마을의 결속으로 연결하는 강회의 정신은 마을학회 일소공도의 뜻과 맞닿아 있습니다.

❖ 마을학회 일소공도 강학회는 코로나19 방역 수칙에 따라 행사 규모와 환경 및 일정을 조정하여 최대한 안전하게 개최됩니다.

언젠가부터 공부는 대처로 나가서 해야 하고, 농촌은 못 배운 사람들이 힘겹게 일만 하는 곳으로 여겨져 왔습니다. 이런 통념을 뒤집는 발상의 전환이 필요합니다.

농촌이야말로 자연과의 교감 속에서 바쁜 삶을 되돌아보는 휴식의 시간과 공부의 시간이 행복하게 만나는, 생성적 공간일 수 있습니다.

한겨울과 한여름은 농촌에서나 도시에서나 비교적 여유로운 때입니다. 이런 때에 도시와 농촌 사람들이 경계 없이 모여, 한 분야에서 일가를 이룬 사람의 공부와 삶을 깊고 밀도 있게 만나고 대화할 수 있다면 어떨까요?

소비하는 휴가가 아니라 공부와 친교를 통해 삶을 성찰하고 변화하는 휴가를 농촌에서 보내는 것은 어떨까요?

농촌을 공동학습과 성장의 공간으로 재발견하고, 길고 여유로운 호흡 속에서 공부와 휴식의 시간을 누릴 수 있도록, 마을학회 일소공도는

한 분의 강사가 1박2일 12시간 강연하는 강학회를 여름과 겨울 휴가철에 엽니다.

마을학회 일소공도 강학회

제8회 경제와 농촌(가제) | 2021. 7~8 개최 예정
홍기빈 | 정치경제학자

제7회 농촌에 농민만 살았던 적도 없었고 농민이 농사만 지었던 적도 없었다 | 2020.7.25
임경수 | 협동조합 이장 대표

제6회 유라시아 견문부터 개벽파 선언까지 | 2020.2.21~22
이병한 | EARTH+ 대표, 원강대학교 동북아인문사회연구소 교수

제5회 농촌마을정책, 우리 스스로 만드는 정책 설계 | 2019.7.19~20
구자인 | 충남마을만들기지원센터장

제4회 문명사: 우리는 누구인가? | 2019.1.25~26
함성호 | 건축가, 시인, 건축실험집단EON 대표
　　＊소리도움 | 권병준 | 다매체 예술가

제3회 한국농업사: 땅과 농민의 삶 | 2018.7.27~28
박석두 | 한국농업사학회 회장, 전 한국농촌경제연구원 선임연구위원

제2회 현대한국지성사: 『대한민국의 설계자들』을 중심으로 | 2018.1.19~20
김건우 | 대전대 국어국문창작학과 교수

제1회 농민의 자율성, 체계의 변화 | 2017.7.28~29
김정섭 | 한국농촌경제연구원 연구위원

함께 모여
공부하는 마을

지난 『마을독본』 특집 주제

창간준비 1호 **마을의 주민조직**

창간준비 2호 **마을의 공동재산 관리**

제1호 창간호 **마을자치규약**

제2호 **마을 회의와 기록관리**

제3호 **마을공동체 농업: 초고령화 시대의 농업**

제4호 **마을공동체 복지: 요람에서 무덤까지, 농촌복지의 길**

제5호 **마을교육공동체: 학교와 마을은 어떻게 만날까?**

제6호 **마을의 후계자: 누가 마을을 이어갈 것인가?**

제7호 **읍면과 행정리: 주민자치회 전환과 직접민주주의**

제8호 **농촌마을교통: 우리에게도 이동할 권리가 있다**

제9호 **마을회관: 농촌공동체 복지의 중심공간**

제10호 **마을 경관: 자연과 더불어 살아가는 주민들의 약속**

제11호 **농촌 마을건축: 마을공동체의 삶을 담는 그릇**

제12호 **마을계획: 5년 앞을 내다보는 실천**

발행처 | 충청남도·충남연구원·충남마을만들기지원센터
값 10,000원 | 구입문의 시골문화사 010-3191-0477

충남연구원 충남마을만들기지원센터에서는 농촌 마을 지도자들이 읽을 만한 학습용 잡지로 1년에 네 번 『마을독본』을 발간하고 있습니다. 『마을독본』은 단순히 활동 소식을 전하는 뉴스레터나 신문이 아니라, 들고 다니며 읽을 수 있고 책꽂이에도 보관할 수 있는 실용적인 잡지 형식을 취하고 있습니다. 잡지 명칭은 윤봉길 의사(1908~1932)의 『농민독본』에서 따왔습니다. 이 잡지가 농촌 마을을 지키고 이끌어가야 할 마을 지도자들이 마을만들기를 학습하는 데 밝은 길잡이가 되었으면 좋겠습니다.

평민마을학교

평민마을학교가 생각하는 학습은 일×학습×만듦×놀이를 통해 21세기 농촌 마을이 앎과 삶, 생활 문화를 생성해가는 과정입니다. 젊은이들이 농촌 마을에서 새로운 삶의 방식을 모색하는 데 필요한, 다양하면서도 서로 연결된 통합적 내용들로 학습이 이루어집니다.

농사, 학습, 놀이를 더불어하며
삶과 앎이 만나는
21세기 농촌의 새로운 마을학습생태계

평민마을학교

평민마을학교는 농촌으로 들어오는 젊은이들에게 농사일과 농촌 마을살이, 자기 성장에 필요한 학습 기회를 제공합니다. 마을로 들어온 청년들이, 마을 사람들과 함께 평생에 걸쳐 학습과 성장을 이어갈 열린 학습생태계를 온 마을로 펼칩니다.

❖ 마을이 교정이고 마을 자체가 학교가 됩니다.
❖ 농사가 농촌 삶의 시작입니다.
❖ 21세기의 농사와 농촌살이에 필요한 모든 일과 주제가 학습 내용이 됩니다.
❖ 서로 가르치며 서로 배우고, 어울려 놀면서 더불어 성장합니다.
❖ 입학은 있지만 졸업은 없습니다.

함께하는 단체

사단법인 홍동밝맑도서관
마을학회 일소공도
마을연구소 일소공도 협동조합
오누이친환경마을협동조합
풀무교육연구소
학교법인 풀무학원

협동조합젊은협업농장
협동조합행복농장
풀무교육농장
채소농장
월천농장

평민강좌

정규강좌
월 책읽다, 매체 만들기
화 마을의 이해
수 《생명수》 읽기 모임
목 유기농업
금 농-다; 농촌에서 공부하다
토 바이시끌(월 1회)
일 성서 모임

특별강좌
겹겹 3 〈농촌 마을을 위한 적정기술, 적정예술, 적정문화〉
현장실습
여름 농진로 학습회
겨울 농진로 캠프
마을학회 일소공도의 월례세미나·강학회·일소공도대회
마을단체들의 특별세미나

❋ 코로나19 상황에 따라 변동될 수 있습니다.

문의

마을로 들어오기
평민마을학교는 단순한 교육 프로그램이 아니라, 농촌 마을에서 살아가며 학습하는 농민의 일상을 생생하게 경험하는 마을학습생태계입니다.

사무국   충남 홍성군 홍동면 광금남로 658-8 창작소(평민마을학교 공유공간)
홈페이지   commulearn.org
메일   commulearn.org@gmail.com

마을 7	2021년 봄 ǀ 통권 7호
펴낸날	2021년 3월 19일

마을학회 일소공도

편집위원장	박영선
편집위원	구자인 금창영 김건우 김명숙 김정섭
	배지현 양병찬 이번영 정민철
사무국	장유리 오선재

편집교열	박영선
교열교정	조희주
디자인	김나영
제호 손글씨	고은이
사진	김세빈 오선재 이준표

펴낸곳	시골문화사
등록일	1981년 11월 2일
등록번호	제460-4600000251001981000001호
펴낸이	정민철

주소	충남 홍성군 홍동면 홍장남로 668
전화	010-3191-0477
이메일	maeulogy@gmail.com
	sigolmoonhwa@gmail.com
홈페이지	https://cafe.naver.com/oolocalsociety

인쇄제본	경북프린팅
오프라인 유통	시골문화사
온라인서점 영업대행 및 반품	한국출판협동조합 02-716-5616~9

정가	15,000원 파본은 교환해드립니다.

이 책에 실린 글과 도판은 무단 전재하거나 복제해서 사용할 수 없습니다.

ISBN 979-11-967790-4-7

이 도서의 국립중앙도서관 출판예정도서목록(CIP)은 서지정보유통지원시스템 홈페이지(http://seoji.nl.go.kr)와
국가자료종합목록 구축시스템(http://kolis-net.nl.go.kr)에서 이용하실 수 있습니다. (CIP제어번호 : CIP2019032744)